图书在版编目（CIP）数据

风与中华祥瑞美学/王庆卫，李岚著．--武汉：湖北教育出版社，2024．6
（中华风文化研究书系/刘玉堂主编）
ISBN 978-7-5564-6122-6

Ⅰ．①风…　Ⅱ．①王…　②李…　Ⅲ．①图腾—传统文化—美学—研究—中国　Ⅳ．①B933

中国国家版本馆 CIP 数据核字（2024）第 111522 号

风与中华祥瑞美学

出品人	方　平	策　划	刘　艺　李作君
责任编辑	万　婵	责任校对	李庆华
封面设计	李　枫　张岑玥	责任督印	刘牧原

出版发行	长江出版传媒	430070	武汉市雄楚大道 268 号
	湖北教育出版社	430070	武汉市雄楚大道 268 号
经　销	新　华　书　店		
网　址	http://www.hbedup.com		
印　刷	武汉市新华印刷有限责任公司		
地　址	武汉市江夏区大桥新区邢远长街 18 号		
开　本	710mm×1000mm　1/16		
印　张	14		
字　数	168 千字		
版　次	2024 年 6 月第 1 版		
印　次	2024 年 6 月第 1 次印刷		
书　号	ISBN 978-7-5564-6122-6		
定　价	58.00 元		

州是也，不得为州数。中国外如赤县神州者九，乃所谓九州也。於是有裨海环之，人民禽兽莫能相通者，如一区中者，乃为一州。如此者九，乃有大瀛海环其外，天地之际焉。[1]

①司马迁：《史记》，裴骃集解，司马贞索隐，张守节正义，中华书局，2013，第2344页。

凡事吻合九九之数，是古人常有的一种执着，本可姑妄听之，但世界被规划得如此严整精密，却又无从验证，言之凿凿未免惊世骇俗，古人亦多有异议，王充即谓之："此言诡异，闻者惊骇，然亦不能实然否，相随观读讽述以谈。故虚实之事，并传世间，真伪不别也。"[2]

②黄晖：《论衡校释》（下），中华书局，2022，第474页。

与这样一个嵌套式的九州宇宙模式相对，《山海经》提出了四海环绕五方之山的世界图景。在这一世界图景中，标出了凤凰生息活动的地域和方位，但这些地域却没有出现在今天的地图上。《山海经》所述事迹，简直不像我们这个星球上的状况，这也使历代的学者感到莫名其妙，争议不休。如《山海经》之《山经》中所载的地理状貌，究竟所述何处，至今没有定论。如何确定观察者的方位，历来是个难题。有的学者认为《山海经》中多楚语，应是以楚国为中心对周边世界的描述，也有学者提出了以蜀中平原为中心，或以晋西南和豫西为中心的意见。《山经》虽不乏神奇怪诞的因素，但描述地理信息的态度相对严谨，不时有人宣布新发现，声称书中描述与某地域的状况吻合；而《海经》不以此为足，继续拓展想象，描述山脉五百六十座，国五十一个，勾勒出东方大海、西方沙漠、南暑北寒的空间状貌，其中语怪多于常识，所述全然无可稽考。人们凭借想象赋予蛮荒的世界以秩序，将家国天下、域外大荒、五方之山、八方之海，尽收入一个似是而非的世界图式。进一步说，无论是套娃式的三层九州，还是四海环绕的五方之山，一定的地理观总是被一定的宇宙模式所统辖，它们是同一种知识范式的产物。

五凤三年，鸾凤集长乐宫东阙中树上，飞下止地，文章五色。[1]

①马端临：《文献通考》卷三百十三，物异十九，考二四五一，中华书局，1986。

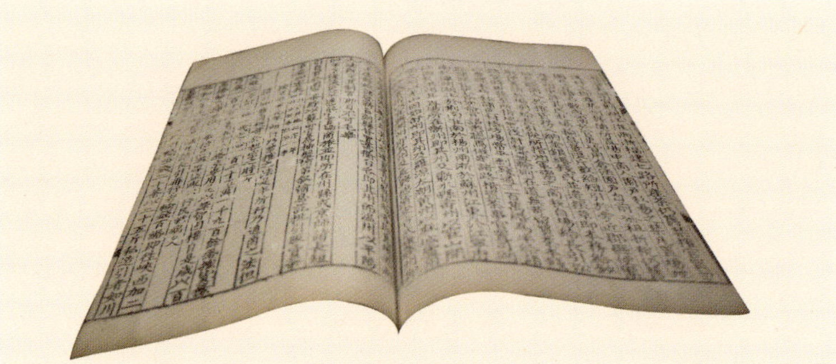

《文献通考》书影

马端临记录的这几条均取自《汉书》。《汉书》尚实录，任意捏造的可能性很小。《前汉纪》中亦有载：汉宣帝甘露三年春二月诏曰：

乃者凤皇集新蔡，众鸟四面行列而立以万数。其赐汝南太守帛百匹，新蔡长吏、三老、孝弟、力田、鳏寡孤独帛各有差，赐吏民爵二级，无出今年租。[2]

②荀悦、袁宏：《两汉纪》，张烈点校：中华书局，2002，第357页。

又见：

汉孝宣帝元康四年春三月诏。三月诏曰："乃者神雀五采以万数，集长乐、未央北宫、高寝甘泉泰畤殿中，及上林苑。朕之不逮，寡于德厚，屡获嘉祥，非朕之任。其赐天下吏民爵，女子百户牛酒，三老、孝弟、力田、鳏寡孤独各有差。"[3]

③荀悦、袁宏：《两汉纪》，张烈点校：中华书局，2002，第322页。

《前汉纪》出自东汉荀悦之手，为汉献帝读班固《汉书》苦于文繁难省，故按《左传》体例将《汉书》加以缩编而

凤凰集于东阙。大赦其境”[1]。从史料中还可以看出，凤凰现身发生在某一年号的元年的比例相当高，除了因凤凰现身而改元的情况，凤凰总是与某种“一元复始”的期盼心理相伴随。南齐时，第六位皇帝萧宝卷昏庸无道，行事荒诞，常常深夜出宫闲逛，拆毁民居，“入富室取物，无不荡尽”，避之不及的民众就会被格杀；导致京城道无行人，店铺空置，工商莫不废业。此外，萧宝卷稍不合意即诛杀官员，朝堂之上人人自危，一时社稷动荡，大臣纷纷起兵造反。公元500年，萧衍起兵讨伐，萧宝卷为部下所杀。萧衍褫夺其帝号并追贬其为涪陵王，不久又贬其为东昏侯。“梁武帝既废涪陵王，为东昏侯，建康令羊瞻解称，凤凰见县之桐下里。”[2] 此时凤凰现身，预示黑暗时期的终结，清平天下的来临。似乎是为了表达天意人心的喜悦，凤凰的现身一发而不可收，直到两年之后的天监元年，还有凤凰现身的消息，还是同样的凤凰，还是同样的地点：“天监初，凤凰见建康县同夏里。又集南兰陵。”凤凰现身的时机有时会配合重大的政治事件，但很多与时局并无关系，具有很大的偶然性。值得注意的是，凤凰的止栖处所除了宫廷，亦落于名臣高士乃至平民之居；南朝宋代文人刘敬叔所撰《异苑》载：“东莞刘穆之，字道和，小字道人，世居京口。隆安中，凤凰集其庭，相人韦薮谓之曰：子必协赞大猷。”[3] 刘穆之是南朝刘宋时代名臣，为刘裕最器重的辅弼；凤集其庭，是嘉其才德。“文帝元嘉十四年三月丙申，大鸟二集秣陵民王颢园中李树上，大如孔雀，头足小高，毛羽鲜明，文采五色，声音谐从，众鸟如山鸡者随之，如行三十步顷，东南飞去。扬州刺史彭城王义康以闻。改鸟所集永昌里曰凤皇里。”[4] 凤凰降身民间，行止从容，使百姓得以近距离观察，这是比较罕见的记录。王颢一介平民，凤栖其树，亦无事继其后者。但作为一桩奇事毕竟吉祥，故改地名以彰之。

①崔鸿：《十六国春秋》，商务印书馆，1937，第24页。

②姚察、姚思廉：《梁书》，中华书局，2020。

③刘敬叔：《异苑》，中华书局，1996，第33页。

④沈约：《宋书》，中华书局，1974，第795页。

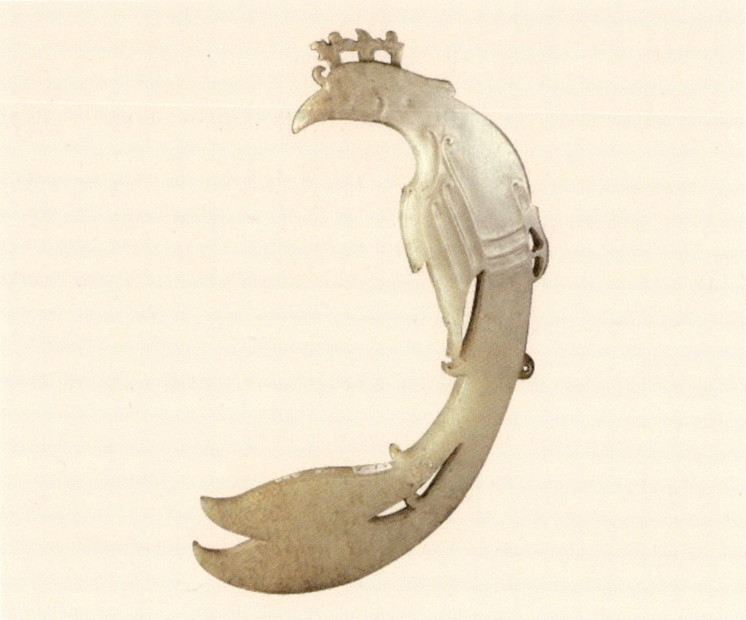

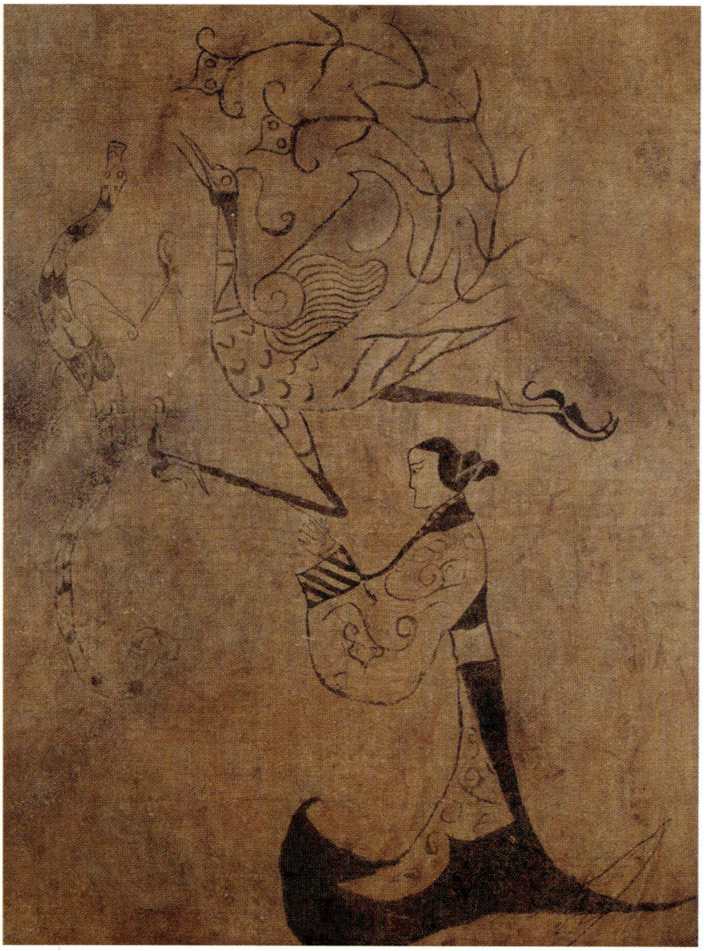
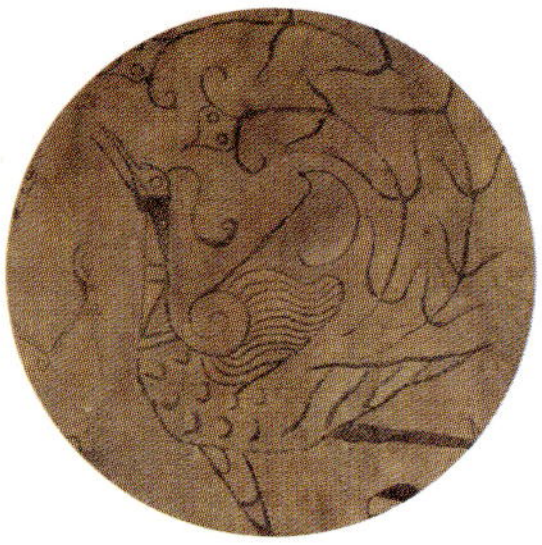

的一种新派诗，如《饮冰室诗话》里所登的谭壮飞、夏穗卿等人所做，都不很好懂，如‘帝杀黑龙’一联至今还不能解释清楚。”[1]

①仲密（周作人）：《〈唐宋诗醇〉与鲁迅旧诗》，载鲁迅研究室编：《鲁迅研究资料》（第3辑），文物出版社，1979，第292页。

不仅天帝能杀龙，人亦能杀龙，龙在世俗生活中已沦落到皆曰可杀的地步。郦道元在《水经注》中介绍沂水时引用文献说：“《尸子》曰：韩雉见申羊于鲁，有龙饮于沂。韩雉曰：吾闻之，出见虎，搏之，见龙，射之，今弗射，是不得行吾闻也。遂射之。”[2] 见龙必射，是一条其然不明、其所以然亦不明的人生格言。《庄子·列御寇》篇也谈到朱泙漫散尽千金家财，向支离益学习屠龙术，技成而无所用其巧。可见，“杀”是人与龙打交道的常备选项之一，无龙可杀，未免令人怅然若失，与龙战于野，其血玄而黄，此等景象想必为古人们津津乐道。

②郦道元：《水经注校证》，陈桥驿校证，中华书局，2013，第570页。

龙不像想象中那样被敬重，凤又如何？前述有轩辕国人食凤卵的事迹，尚是化外之民，不必苛求。战国典籍《穆天子传》则记载了周穆王“设凤脑之灯”“置西王母”的事迹。晋代王嘉的《拾遗记》中也提到此事：“时已将夜，王设长生之灯以自照，一名恒辉。又列璠膏之烛，遍於宫内。又有凤脑之灯。”[3] 以此为典，“凤脑”遂成为灯油的美称，唐王勃《守岁序》中有佳句：“鱼鳞布叶，烂五色而翻光；凤脑吐花，灿百枝而引照。”明代邵璨在《香囊记·庆寿》中亦提到：“银缸燃凤脑，玉碗送羊羔。”杀凤取脑而点灯，格调粗鲁，殊无敬意；而且，“凤髓”早已是古代美食的八珍之一。明代俞安期所辑《唐类函》指出：“按《礼》所谓八珍者……后世则侈云龙肝、凤髓、豹胎、鲤尾、鸮炙、猩唇、熊掌、酥酪蝉。”以龙凤为美食，必属子虚乌有，有人指“龙肝”可能是马肝或穿山甲的肝；笔者以为，“凤髓”若真的列入菜谱，或依楚国买凤路人之先例，以山雉代之。

③王嘉：《拾遗记译注》，孟庆祥、商微姝译注，黑龙江人民出版社，1989，第75-76页。

肉体操控能力者[1]。这显示了一种直面问题的研究态度。

对于原始巫术所引发的意识现象，人类学家给出了文化学、社会学和心理学的解释，如美国的文化人类学家露丝·本尼迪克特用尼采的“酒神精神”和“日神精神”概念来解读北美印第安人文化中的理性和非理性因素，指出普韦布洛人的文化属于“日神文化”，而其他印第安人的文化中总有这样那样的“酒神文化”精神[2]；心理学家将萨满的昏迷称为“非常意识状态”“宗教或仪式意识状态”，其功能包括“神附体”“着迷”“神附信仰”，表现为神灵行为模仿、复制幻觉和梦幻经历，等等[3]；法国人类学家罗歇·巴斯蒂德和苏联人类学家C.A. 托卡列夫则重视宗教出神体验中的社会压迫因素，反对从唯生物学角度来研究这一现象。可以看出，这些研究者都不否认萨满出神现象的真实性，但面对这一非同寻常的研究对象，很多学者仍在自己的知识系统中寻找解释的路径，希望通过对已知要素的排列组合，将研究对象还原为本知识系统中的固有之物；但是作为上述研究方法的理论基础之一的尼采思想，特别是“酒神精神”和“日神精神”的思想，对非理性意识和理性意识下的事物真实性问题采取了中立态度。从德国古典哲学以来的传统观点来看，无论是“趋向放纵之迫力”的醉境，还是“趋向幻觉之迫力”的梦境，都是现象世界中的景象，遮挡在我们和本体世界之间，它们并不具有作为唯物主义者的我们心目中的“物质”那样的本体地位。在现象界这张遮天蔽日的屏幕上，投射在古人眼中的既有山川棋布，星海扬波，又见龙飞凤舞，众神出没。像柏拉图的洞穴之喻一样，面对眼前的景象，我们不知它们是哪一个世界的投影，也不知照射它们的火光，是来自日神的圣殿还是酒神的祭坛？

已有的知识系统急于证伪那些不能证实的东西。它要么拒绝面对与现有知识相矛盾的问题，要么将问题转化为能被现代

①郭淑云：《中国北方民族萨满出神现象研究》，民族出版社，2007，第6页。

②露丝·本尼迪克特：《文化模式》，何锡章等译，华夏出版社，1987，第64页。

③郭淑云：《中国北方民族萨满出神现象研究》，民族出版社，2007，第4页。

轻举兮，凌清霄而绝形。若乃龙飞九五，时惟大明，阐隆正道，既和且平。感圣化而来仪兮，赞箫韶于九成。随时宜以行藏兮，谅出处之有经。岂以美而贾害兮，固以德而见荣。旷千载而莫睹兮，忽翻尔而来庭。应龙至兮，庶有感于斯诚。而君子之是忽兮，赋微物以申情。虽绮靡之可玩兮，悲志大之所营。敢砥钝于末踪兮，厕瓦砾于瑶琼。[1]

①韩格平等校注：《全魏晋赋校注》，吉林文史出版社，2008，第 197 页。

傅咸的《仪凤赋》在体式上沿用了魏晋时期兴起的短小赋体，因为魏晋南北朝时期的社会动荡，导致文献大量遗失，文人阅读多为断简残篇，这在一定程度上影响了文人们的文本意识。在赋的创作中一改汉代以来鸿篇巨制的格局，所作多短制小品。魏晋士人往往对长篇大论的赋作不以为然，如陆云在《与兄平原书》中讥评某人的《蝉赋》长两千余言："作文唯尚多，而家多猪羊之徒。"[2] 晋代短赋很多，涉及凤凰的其他赋体作品也都短小精悍，如顾恺之有《凤赋》、桓玄有《凤凰赋》存世。兹录于下：

②严可均：《全上古三代秦汉三国六朝文》（影印本），中华书局，1991，第 2044 页。

《凤赋》

顾恺之

望太清以抗思，诞仪凤之逸群。禀鹑火之灵曜，资和气之氤氲。允鸡喙而燕颔，颈蛇蜿而龙文。励归昌于汉阳，发明征乎圣君。荷义蹑正，鸡跱鸿前，比翼交辉，五色备宣。兴八风，降时雨，音中钟律，步则规矩。朱冠赫以双翘，灵质翙其高举。历黄冠于招摇，陵帝居之悬圃。[3]

③韩格平等校注：《全魏晋赋校注》，吉林文史出版社，2008，第 515 页。

《凤凰赋》

桓玄

伊群物之百品，各在类而有别。惟羽族之殊诞，独鸾皇

凤凰原初的意义越来越模糊了。在英语里，常常将凤凰翻译为Phoenix或者Chinese phoenix。现代著名诗人郭沫若在20世纪20年代发表过一首非常著名的《凤凰涅槃》，被看作是破旧立新的时代号角、“五四”后的一声清鸣。郭沫若在诗首写道：

> 天方国古有神鸟名“菲尼克司（Phoenix）”，满五百岁后，集香木自焚，复从死灰中更生，鲜美异常，不再死。
>
> 按此鸟殆即中国所谓凤凰；雄为凤，雌为凰。《孔演图》云：“凤凰火精，生丹穴。”《广雅》云：“凤凰……雄鸣曰卿卿，雌鸣曰足足。[1]

①郭沫若：《凤凰涅槃》，载《女神》，人民文学出版社，2000，第31页。

诗中亦云，“凤起舞，低昂！”，“凰唱歌，悲壮！”，凤唱“卿卿”、凰歌“足足”。

由于这首诗非常有名，很多人便笃信中国之凤凰，就是菲尼克斯。其实，这实是诗人的浪漫想象，将两种神鸟捏在了一起。钱锺书曾对黄永玉说过，它“是郭沫若一九二一年自己编出来的一首诗的题目。三教九流之外的发明，你哪里找去？”[2]萧兵在《楚辞与神话》一书中专门探讨了“凤凰涅槃”故事的来历，指出它在埃及—阿拉伯神话、古希腊的历史学和戏剧中都曾被提及，在佛教经典《增一阿含经》和美洲神话里也都有相似程度不同的故事原型，中国较早提到此事的文献是清代陆次云撰写的《八纮绎史》[3]。很多学者认为，彼Phoenix是指不死鸟，希腊历史学家赫罗多特斯说Phoenix身上有金黄、鲜红两种颜色，长得像鹰，善于歌唱。罗马诗人奥维德说它住在棕榈树上，拾肉桂、没药等香料入巢，有五百年寿命，在火焰中死去，死后会再生一只新不死鸟，它将飞往太阳神庙。《鹖冠子·度万》说“凰者，纯火之禽，阳之精也”，中国原始文化里的凤崇拜也常常与太阳崇拜联系在一块。很显然，Phoenix

②黄永玉：《比我老的老头》，作家出版社，2005，第8页。

③萧兵：《楚辞与神话》，江苏古籍出版社，1986，第194-196页。

湖北省公益学术著作
Hubei Special Funds 出版专项资金
for Academic and Public-interest Publications

中华凤文化研究书系

主编 刘玉堂 副主编 庞进

凤与中华祥瑞美学

王庆卫 李岚 著

長江出版傳媒 | 湖北教育出版社

图书在版编目（CIP）数据

风与中华祥瑞美学/王庆卫，李岚著. --武汉：湖北教育出版社，2024. 6（2025. 4 重印）
（中华风文化研究书系/刘玉堂主编）
ISBN 978-7-5564-6122-6

Ⅰ. ①风… Ⅱ. ①王… ②李… Ⅲ. ①图腾—传统文化—美学—研究—中国 Ⅳ. ①B933

中国国家版本馆 CIP 数据核字（2024）第 111522 号

风与中华祥瑞美学

出品人	方　平	策　划	刘　艺　李作君
责任编辑	万　婵	责任校对	李庆华
封面设计	李　枫　张岑玥	责任督印	刘牧原

出版发行	长江出版传媒	430070　武汉市雄楚大道 268 号
	湖北教育出版社	430070　武汉市雄楚大道 268 号
经　销	新　华　书　店	
网　址	http://www.hbedup.com	
印　刷	湖北新华印务有限公司	
地　址	武汉市硚口区长风路 31 号	
开　本	710mm×1000mm　1/16	
印　张	14	
字　数	168 千字	
版　次	2024 年 6 月第 1 版	
印　次	2025 年 4 月第 2 次印刷	
书　号	ISBN 978-7-5564-6122-6	
定　价	58.00 元	

总　序

20 世纪 70 年代后期，歌曲《龙的传人》瞬间风靡大江南北、海峡两岸，令海内外中华儿女心旌摇荡、热血沸腾！然而，人们何曾想过，历史的真实却出人意料：中华民族不只是龙的传人，也是凤的传人，龙与凤都是中华民族和中华文化的象征，理应同享殊荣，不宜扬此而抑彼。

根据现已获取的信息，崇凤之俗似乎早于崇龙之俗。在浙江余姚河姆渡文化遗址出土的一块象牙上，雕刻着两只交体的凤，彼此仰首回眸相视，其间是一轮喷薄而出的太阳，这是迄今所见最早的双凤朝阳图。河姆渡文化时代为新石器时代早期，距今约 7000 年，与出土“黄河第一龙”的河南濮阳西水坡遗址和“长江第一龙”的湖北黄梅焦墩遗址相比，要早千年左右。

无独有偶，位于长江中游的湖北天门石家河文化遗址，出土了一件环形玉雕凤，其构思之奇巧和造型之精美，在已知原始时代的凤鸟形象中罕有其匹。石家河文化遗址的年代为新石器时代晚期，其主人是楚国土著先民三苗遗裔，从石家河文化主人的崇凤情结，方知楚地崇凤之俗由来已久！

夏朝是否崇凤，尚难定论。商朝和周朝崇凤，则是不争的事实。商代晚期和西周早期，凤始终是青铜器纹饰中最闪亮的角色。从东周起，伴随着南北文化的交流激荡，龙与凤开始各擅胜场，前者成为权威和尊严的表征，后者变成才艺和吉祥的标识。

人类文明的“轴心时代”，正值楚人的信史时代春秋战国时期，先民的图腾只留下朦胧的印记，但仍然不乏图腾的象征作用和神秘意味。在楚人的潜意识里，尊崇凤，就是尊崇自己的祖先；钟爱凤，就是钟爱自己这个民族。在楚国出土文物中，凤的图像和雕像比比皆是，远非同期其他各国文物可以比肩。这些凤的形象虽千姿百态，纷华照眼，但无一不显得雍容华贵，英武伟岸。楚人以为只有在凤的导引下，人的灵魂才得以周流八极，飞登九天！

“秦王扫六合，虎视何雄哉！”以公元前 221 年秦王朝建立为界线，此前是凤与龙相比由更为风光到难分轩轾，此后是凤与龙的地位此降而彼升。龙在先民崇拜的诸多灵物中升到至尊至神的地位，在长达 2100 多年的岁月中，龙一直是帝制和皇权的标志。辛亥革命结束了帝制，但龙的威仪和神圣依然存在，中华民族的崇龙情结仍未消减，于是，龙又成为民族和文化的象征，凤则悄然退居次席，似乎无缘与龙相提并论了。

其实，这是历史的误会，在民族与文化的象征上，凤与龙理应平分秋色，正如闻一多先生所言：“龙凤是天生的一对！”

正是因为凤的地位如此特殊而际遇又异常曲折，为凤正名的呼声一直不绝于耳。而我们萌生编撰“中华凤文化研究书系”的初衷，并非完全出于为凤之不平而鸣，更主要的考量是凤文化非同寻常的人文内涵。

传世文献和出土文物所提供的资料告诉我们：凤文化是一种具有丰富人文内涵的文化形态，在文学、美术、乐舞、建筑、园林、器用、服饰等领域都不乏精彩呈现，深深地渗透于中国社会的各个层面，放射出璀璨夺目的人文光辉。

尊重传统是凤文化人文内涵的精神底色。凤文化对传统的尊重突出体现在信仰、礼仪、道德、风尚等诸多方面，这是对中华民族慎终追远情愫的赓续，也是对中华文化念祖怀乡精神的传扬。

崇尚美德是凤文化人文内涵的品格标志。凤文化倡导人们追慕诸如仁爱、正义、诚信、孝亲等嘉德懿行，代表着人类共同的理想境界，既涵润着公民的道德修养，又助长了社会的文明风尚。

推崇友善是凤文化人文内涵的人性认知。凤文化认为人类一方面要提升和完善自我修为，另一方面也要懂得体谅和宽恕他人，凤文化中不少文化符号和艺术形式，充分流露出对人性友善的赞美和期许。

追求和谐是凤文化人文内涵的价值取向。凤文化追求个人心灵与肉体之间、人与人之间、人与社会之间的和谐，无论是传世文献对凤的描述，还是出土文物对凤的展示，都体现出凤文化对和谐执着而热烈的追求。

敬畏自然是凤文化人文内涵的科学理念。凤文化尤为注重人与自然的关系，讲求尊重自然、呵护自然、调适自然、因借自然，真正做到人与自然和合共生，凤文化中许许多多的艺术形象，生动地表达了对自然的敬畏和礼赞。

凤文化深邃而独特的人文内涵，宛如生生不息的文脉、血脉和根脉。其文脉贯注于文化创造中，血脉激活于生命智慧里，根脉滋养于公序良俗间，历千年而不绝，亘万古而长新，对凤文化进行系统而深入的研究，成为一道神秘而曼妙的诱人风景。

研究凤文化有助于把握中国历史文化的演进轨迹。凤文化源远流长，博大精深，是中国传统文化的菁华元素，对凤文化流变的精细考察，就是对中国历史文化发展脉络的精心梳理。

研究凤文化有助于弘扬中华文化精神。中华文化精神是中华民族人文精神和价值观念的综合体现，而凤文化精神则是中华文化精神的重要基因，研究凤文化，无疑是弘扬中华文化精神的题中应有之义。

研究凤文化有助于促进文化认同。凤文化作为中华传统文化的一部分，具有强烈的文化认同感，通过对凤文化的研究和传承，可以增强中华民族的向心力和凝聚力，坚定文化自信和文化自强。

研究凤文化有助于推动不同文化间的交流互鉴。凤文化作为一种具有特殊意义的文化形态，对于推动不同国家和地区间的文化交融互摄，具有春雨润物般的功能。

研究凤文化有助于增强审美意识。凤文化涵盖了广泛的艺术形式，如绘画、雕塑、书法、音乐、舞蹈、戏剧、曲艺、织绣、工艺等，对凤文化进行研究，可以更好地理解和欣赏这些艺术形式的美学意蕴，拓展人们的艺术视野和审美空间。

研究凤文化有助于保护文化遗产。凤文化本身就融入中华文化遗产的肌理之中，通过对凤文化这一独具特色且无可替代的文化遗产的保护研究，可以更好地传承、弘扬中华文化遗产，维护中华文化的多样性和独特性。

综上以观，凤文化研究是历史与时代赋予的光荣使命，不能不引起学界的关注和重视。为此，我们策划了这套“中华凤文化研究书系”，选取了与凤文化关系密切的几个选题实施破冰之旅，包括凤与中国文化、凤与中国文学、凤与中国乐舞、凤与中国服饰、凤与中华祥瑞美学和凤与中国民俗等，因这些研究仅仅是开端，此后还将持续推进，以形成系列，故名之曰“书系”。

假定把书系比作新娘，序不过是盖头，人们最想看的不是盖头，而是盖头下欲遮还羞、风姿绰约的新娘，故序宜轻轻掠过，“不带走一片云彩”！

刘玉堂

凤凰来仪，山河复魅

王庆卫和李岚两位教授合作，写了一本很有深意又很好看的书，嘱我写几句评论。中国人都知道凤凰，关于凤凰的地名、传说、诗句、图像也随处可见。但是，人们关于凤凰的知识常常是碎片化的。这本书对这些处于碎片状态的知识进行整理，能给人以关于凤凰的完整系统的知识，使我们从中获益。不仅如此，这本书还把凤凰的故事引入现代学术语境中，从多方面进行探讨。这也启发我不少思考。谢谢庆卫，给我留这块地方，发表一些想法。

我小时候生活在长江边上的小城江苏扬州，就是李白曾在庆卫住的武汉送孟浩然所要去的那个地方。烟花三月，一叶孤舟，在黄鹤楼下消失，漂到他所向往的远方。扬州城的北郊有一个地方，名字叫凤凰桥。李、孟的时代还是南郊。后来，城随江流变动而南移，那个地方才在明清时代变成了北郊。由于这个地名，我对凤凰桥一直有着美好的想象。问家里的大人，那里有什么好看的，大人说没有，就是一个名字而已。后来终于去了那个地方，的确很失望，是一个杂乱的城乡接合部，没有什么可观的。街边小饭店里的羊肉汤倒有一点名气，与凤凰扯不上。我追问过这里的得名之由，当地人也都语焉不详。再后来，我去过全国很多地方，发现以凤凰为名的地点不计其数，有凤凰台、凤凰楼、凤凰村、凤凰坡、凤凰城，这些地方的名称这么好听，并不都能名副其实。名称留给人们一个梦，真的去了这些地方，梦就醒了。这也许与近代以来中国乡村的衰败有关。被动地打开大门，动乱和战争，过于功利性的大拆大建，传统的美丢了，现代的美没有建立起来，这一切都不堪回首。然而，名称仍然是财富，有凤凰之名，就能给人以想象，梦虽然醒了，提供梦境的地方仍在。读了这本书，知道这些地方的得名之由，大都与有人曾宣称在这里看到凤凰，而凤凰在这里现身成为重要的历史事件有关。

既然在古代有那么多人说见过凤凰，并且郑重地纪念这些与凤凰的相见。那么，我们的第一个问题：世上究竟有没有凤凰？这似乎不是一个问题，但恰恰是一个问题。那么多人看到过凤凰，难道凤凰还不存在吗？那样隆重纪念有人看到凤凰，凤凰还可能存在吗？当人们反复说，存在着某种东西，也许正说明，这个东西并不存在。人们无须证明存在着鸡，并隆重举行某次看到鸡的周年纪念，是因为看到鸡鸭这些家禽的事太平常了，不值得纪念。看到一些奇鸟，如看到孔雀、仙鹤、斑雉，各种漂亮的鸟，仍能产生特别的兴奋感。唐太宗看到奇鸟，就曾传唤阎立本将鸟画下来，以后可经常看，但是，他不会隆重纪念这次鸟的现身。凤凰就不同了，不是奇鸟，而是神鸟。凤凰不是某一种具体的鸟，是多种鸟的综合，又超越了所有具体的鸟。

第二个问题：凤凰美不美？这似乎又是一个不合适的问题。我们听说有人看到了，并没有真的看到，那么，怎么判断凤凰之美呢？然而，谈到凤凰时，就不能这样提问。凤凰代表着鸟的最高的美。最美的鸟应该是什么样子？就应该是凤凰那个样子。所有神话的形象，都存在于想象之中，只有通过文学艺术才能使它们具象化。如果一位画家所画的凤凰不美的话，那必定是这位画家没有画好。最好的画家所画的最好的凤凰，也不能穷尽凤凰的美。

第三个问题：中国人什么时候开始凤凰崇拜？这可能要追溯到中华文明起源时。许多新石器时代的遗存中，就有着凤凰形象。太阳是金乌的化身，这也许是凤凰的一个来源。从少昊的子孙到商人的先祖，都与鸟有关。书中列举了许多这方面的考古证据和文字的记录，说明了悠久的凤凰史。凤凰成了“美”的化身。我曾经对关于“美”字起源的“羊大为美”说和“羊人为美”说都持怀疑态度，甲骨文是商人的文字，“美”不会与羽饰一点关系都没有。当然，图腾存在于母系氏族社会，后来进入文明社会，图腾意味就变形升华了。

在中国，凤凰成为一种祥瑞，成为政治生态美好的标志。这大抵是来源于“凤鸣岐山”故事的巨大影响。“凤鸣岐山”预示着在中华文化史上具有重大意义的周王朝的兴起。鸟类是这样的动物——生态良好，水草丰茂处，就群集而来。一个地方的生态治理良好，大雁、天鹅、燕子、仙鹤，就会从很远的地方飞来，在这里繁衍生息。凤凰是神鸟，所择之地，要有良好的政治生态。这也符合古代人天人合一的思维特点，符合儒家用则行、弃则藏的立身原则。凤凰成为上天对政治清明的嘉许，成为政治晴雨表。于是，有人看到凤凰，就是一件具有政治意义的大事，要报告给皇帝。再进一步，凤凰也会由于政治的需要而出现，各地频繁出现凤凰，搞活动庆祝凤凰的降临，将地方用凤凰来命名，都有这方面的原因。

在书中，作者说，西方人等待戈多，中国人等待凤凰，这个对比很有意思。戈多是现代文学家的发明，有其寓意。戈多好像是神，又好像不是。等待的人无所事事，百无聊赖，像是生活在囚笼之中。中国人的凤凰则不同，一旦出现，人们就欢欣鼓舞，认为有喜事降临。尽管常常被愚弄，但也乐此不疲。凤凰的出现，可能与西方圣母显灵事件有可比之处。在欧洲历史上，从中世纪到现代，常有圣母显灵事件出现，历史上有记载，当地成为游览地，隆重地举行显灵周年纪念。但实际上，圣母显灵事件的发生，也常常是迎合了教会在当时的某种需要。

关于凤凰的性别问题，似乎也可以讨论一番。当人们说龙飞凤舞，龙凤呈祥时，似乎凤是一个女性的神，与作为男性神的龙相对。在皇宫装饰中出现龙凤图案时，则寓指帝后。民间许多女性，也喜欢用凤起名字。然而，当《论语》中楚狂接舆呼叫“凤兮，凤兮”时，司马相如写求“凰”之“凤”时，凤又成为男性的象征，那么，我们用“他”还是“她”来代指凤呢？也许，不管是男性还是女性，凤都是美与爱的象征。总体说来，凤在中华大地上，是“美”与“爱”的象征。与龙相对的凤，是与“力”相对的“美”；与“凰”相对的“凤”，是以“美”来求“爱”。

书中最后还提到一个我所关心的与国际接轨的问题。外国也有凤凰。Phoenix 在西方神话中也存在，也同样古老，在埃及和希腊神话中都有。在郭沫若的《凤凰涅槃》诗中，用凤凰喻指中华文明，又借用了西方神话中 phoenix 在火中再生的故事，展现出五四时代对古老的中华文明获得新生的期许。现在，用凤凰翻译 phoenix 和将凤凰翻译成 phoenix，都已经被普遍接受。这是一个很好的文化接轨。

最后，我们再次回到这个问题，世上有没有凤凰？对这个问题，可以用马克思的话说，我们不能想象真实的凤凰，但我们能够真实地想象凤凰。凤凰已经成为中华民族的一个符号。如果说，龙是力，那么，凤是美。这是美的符号。在中华大地上，如果我们能真实地想象凤凰，那么这块地方就有了美。

推荐大家读这本书。凤凰的故事很重要，如果说，中华民族是龙的传人的话，中华大地就是凤的家园。现代的科学致力于对神话去魅，而美丽的神话，则会给大地披上光与色，使山河复魅。

高建平

目录

CONTENTS

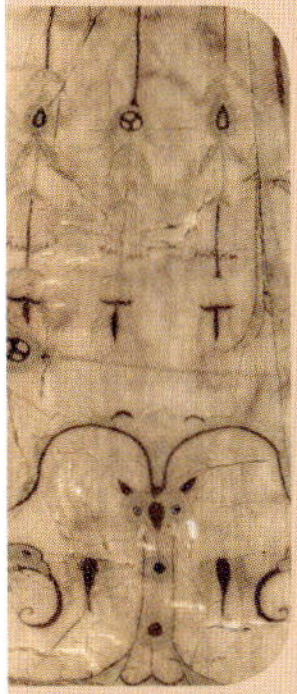

绪论　凤凰神话与现代知识

当今无凤凰。这一看法，人们不会有异议。凤凰作为动物，不符合当今科学的知识系统，现代人的观念里没有它的位置。但凤凰又是中国传统文化中的一个持续的在场，一个流传千载却没有古旧气息的符号。它既在朝堂，又在民间，是来自彼岸的祥瑞、尘世显身的灵光，比诸神更容易亲近，又比现实的福祉更为超拔。“凤凰于飞，翙翙其羽”，古人言之凿凿，莫非只是原始思维带来的幻象？蛇颈鱼尾，五彩成文，难道只是部落融合中交织的纹章？文化学者试图站在今天的认知高度上探究凤凰的由来，辨析其观念发生和演变的过程；但实际上，他们所探讨的是如何令人信服地将凤凰说成别的东西。正如恩格斯所言，在理性所统治的现代社会，一切都需要在理性的法庭上为自己的存在辩护，或宣布放弃存在的权利。凤凰就属于后者，现代知识的分类之下，万物各安其位，但没有凤凰的存身之地。它只被允许改头换面，以文化符号的形式存在，其前提是接受科学知识加给它的起源解释。这是在现代知识范式之下，将“不合理”之物给出合理原因的唯一方法。于是就催生了关于凤凰的种种研究，从文化学、历史学、人类学、神话学、艺术学等角度出发，学者们展纸落笔，对一个被他们认定为子虚乌有之物表现出勃勃的兴致。

现代知识建立在实证科学和学科分类基础上，以分析、综合和归纳等理性手段为方法，遵循着逻辑思维的求知路径，不断将未知变为已知。这样的文化和知识土壤之中，凤凰不可能产生，也无法生存。凤凰是原始诗性智慧的产物，正如维柯所说，古老的神话与想象不是妄言，而是古人对世界的思考，是古人的知识和智慧。凭借具象、以己度物和想象性的类概念，古人建立起自己的宇宙观，与天地精神相往来。那是一个诸神驻世、蛮荒灵异的时代；今天的世界则是一个已经祛魅的世界，容不得半点神秘。这也是一个分类完毕的世界，未进入知识表格的事物被默认为无。在专业知识眼光下，凤凰成了鸡、燕、鹤、孔雀等禽鸟的衍生物，甚至是鸵鸟的变体。科学的研究大多翔实严谨，持之有据，在现代学术规范的指导下，对凤的起源进行了诸多设想和推求。

凤之起源诸说中，“原型为鸡”论，其依据是：大舜之父瞽叟，梦中见鸡衔米喂食，自称瞽叟之子孙，视之实乃凤凰；又《山海经》云“丹穴之山有鸟如鸡，名凤皇”；后人或以为鸡形不雅，遂改鸡为鹤，所以这个典故又为“原型为鹤”论的依据。“原型为燕”论，其依据为《史记》：帝喾次妃简狄，吞燕卵而生契，为商朝始祖，所谓“天命玄鸟，降而生商”，此说以燕为玄鸟，玄鸟又是凤的别称，云云。以上诸说各持一词，验之于考古发现或典籍研究，皆言之成理；而近年又有“鸵鸟原型说”，虽亦引经据典，但在审美上令人难以接受。以鸵鸟连类凤凰，感性上就不能令人信服，听来近乎污蔑。或有集木自焚之凤负痛而逃，毛焦羽颓之状，庶几近似耳。

这些解释无论可信还是牵强，都是合法知识对难解之物的收编，是现代知识系统为维护自己做出的努力。不是凤凰的凤凰，另有隐情的凤凰，才能被今天的科学加以讨论，科学要做的是，阐释历史上的他物何以被人视为凤凰。

这样说，并非指责现代知识错了，而是指出一切思维范式共有的局限：用被规范改造过的对象印证规范本身的正确性，美学亦不能免俗。文明人的训练有素的感性，会敏锐地寻找能使它正确地获得愉悦的对象，二者的吻合应该随即令美感发生，否则即为审美绝症患者。现代人被现代知识教会了审美，这种美的愉悦，在多大程度上是因为观念被证实而带来的兴奋，或仅仅是一种习惯成自然？当然，美感也会不经意地来临，但此时人们对它也往往是不经意的，它被反思的可能性远远小于那些做好了心理准备的审美活动。美学是现代知识系统的一部分，必然也带有它惯常的自我维护和循环论证的品性。但是借着审美的非功利性进行反省，我们可以发现现代知识进行自我维护的潜在功利目的。知识从来不纯粹，而是关乎权力与秩序，它们互相提供合法性支持。

很多重要的官方经史资料提到凤凰，对它的德、能、祥瑞、仪态进行描绘和论述，如《诗经》《尚书》《论语》《白虎通》等，赞美凤凰生而有仁义之意，曰“箫韶九成，凤凰来仪”“明王之治，凤皇下之”。《礼记》以麟、凤、龟、龙为四灵，能究万物、通天地，德至鸟兽则凤凰翔，德不降我则鸣鸟不闻。其他文献《山海经》《国语》《荀子》《楚辞》《淮南子》《论衡》，对凤凰形象作了进一步的丰富和发挥，称凤凰有羽族之美，鼓翼而舞；愈飘翔而高举，高翔大荒之野，循四极而周回，见盛德而后下，儒者说凤凰麒麟为圣人来，以为凤凰麒麟，仁圣禽也，思虑深，避害远，中国有道则来，无道则隐[①]。这一系列关于凤凰的知识形成了凤凰的基本轮廓，它是一种兼有朝堂与民间特点、负载道德和政治功能的灵异之鸟，它所宣示的天意和福祉，具有肯定君王事业、嘉许廉吏功绩、褒扬社会良俗的意识形态功用。凤凰在旧的知识系统中曾是一

①黄晖:《论衡校释》，中华书局，1990，第741—742页。

个重要的意识形态要素，除了具有神话的特点与功能，它还在很大程度上是一只政治动物和道德动物。它浓缩了古代宇宙观中的地理学和动物学知识，是由原始思维支撑的关于人和世界关系的神奇想象的体现。在彼岸与世俗生活之间，凤凰具有某种信使的意味。它不驻尘世，又只能见之于尘世；飘忽邈远，千百载难得一见，却偶尔为有德者现身。它通过自己的降临喻示祥瑞，预言福祉，从不理会灾异之事。它是福德相因观念的化身，意味着天道对人事的奖赏。因为只奖不罚，人们喜爱它远胜过喜爱吉祥却可畏的龙。

凤的居处是个谜。老子说："吾闻南方有鸟，其名为凤。凤之所居也，积石千里。河出下，凤居上，天为生食，其树名为琼枝。"[1] 这一处所不知何处，光怪陆离，令人悠然神往。非梧桐不栖，非醴泉不饮，非竹实不食，但能为人所见并加以描述的凤凰，毕竟是过路客。它来自哪里，又归向哪里？是理论上不可接近的异度空间，还是现实中道阻且长的邈远地域？古人似乎对两者的区分是模糊的，也是不求甚解的，这一点可以从《西游记》中的"西天"观念中见出，"西天"既在天上，又在人间，腾云驾雾亦可往，跋山涉水亦可至；又如古人以银河与汉水相连，可溯水而上，星汉在天，却又无须飞升。此事难以索解，但总之是常人难至，何须刨根问底？既然无可稽考，无妨尽情想象。中国上古的地理知识中，"舆地"与"语怪"往往难分难解，山川河流不过略有方位，内外远近则虚实难测，域内风物皆能据实，但一涉域外，地理志即成怪物志矣。地理观念不仅包含世俗世界，也包含世外的仙界神境。此岸与异域相互隔绝，但或能以不为人知的方式相感应、相通达。此岸道德之士、盛世景象，偶尔能引得凤凰来仪；天人相感，一念即至。上天的嘉许，赋予了红尘中的人与事以神圣色彩。

①欧阳询：《艺文类聚》，汪绍楹校，中华书局，1965，第1558页。

凤凰来自一个政治、道德和审美的乌托邦彼岸。它按颜色分为五种，朱雀、青鸾、紫色的鸑鷟、黄色的鹓鶵、白色的鸿鹄；又有一说为一体五色，是为五彩凤凰。它五色的羽毛是五德的象征，昭示着仁、义、礼、智、信的道德律令。凤凰以自己的降临宣示人间秩序与天道的契合，肯定君王或高士的品行与才能。这虽然是一种事后的肯定，但足以在心理上强化对现存秩序的认同，并将此认同推向未来，推向江山永固、海晏河清的政治理想。凤凰，以及其他一些祥瑞动物如麒麟，符合了古代帝王的政治想象而被推崇和宣扬，从而在漫长的历史中成为一种公共知识。凤凰行迹无踪又令权力者期待，以至于前秦苻坚曾植梧桐万株以招引之。它是中国传统文化中的戈多；但与西方人期待戈多救拔人于存在的苦难不同，凤凰是锦上添花的戈多、肯定性的戈多，让人安于现世，给人带来额外的、非功利的和超越性的价值。从这些精神性的功能来说，凤凰有审美的属性。

就审美而言，美总是源于一个在场者，一个可感之物，或凭直观，或凭想象。我们强调其虚妄之时，无美可言。但我们谈论的凤凰之美恰面临此种尴尬。中国人以龙凤为祥瑞美好之物，为民族精神的象征，因而会将某种审美的情感寄托其上。但又常恐有“知识不正确”的嫌疑，故再三重申它们的神话特质，强调它们是古人在对宇宙自然无知状态下的想象产物。先指其无，再论其美，未免有些意兴索然。荒诞虚妄之物，不仅不会被认真对待，即使作为艺术题材或日常谈资亦难持久，此种“认真心理”正是人的审美意识中所共有的，正如英国学者达米安·格兰特所说，“如果文学忽视或贬低外在现实，希冀仅从恣意驰骋的想象汲取营养，并仅为想象而存在，这个认真心理就要提出抗议。”[①] 但在乏味的日常生活中，这个情感矛盾也总能被粗枝大叶地克服掉。人们还是能打起精神，津津乐

①达米安·格兰特：《现实主义》，周发祥译，昆仑出版社，1989，第18页。

道于这个不存在的对象，在游移的言说立场中既保持着唯物主义的明智，又满怀对传统文化的赤诚；却意识不到二者在审美的语境中已互相抽掉了对方的基础。

对于凤凰，人们初信其有，后信其无，而在漫长的历史中更多的是疑惑。闻者多，见者少，太少的事例终究不能消除人们的怀疑。就笔者接触到的史料看，从《尚书》《史记》中最早关于大舜时“凤皇来翔”的记载，到最晚近的相关信息——清雍正皇帝拒信凤凰屡现的奏报，历时凡四千余年。如果算上原始时代鸟崇拜标志的漫长演化岁月，则久远不可考。史载古代皇覃氏（治二百五十余年，有七世，年代不详）驾六凤皇出地衡，应是最早的记录。上古大庭氏、无怀氏、太昊伏羲氏、炎帝神农氏治世时，功业卓著，世用太平，黎民安乐，均有凤凰降、长离（凤凰别名）翔的记载。黄帝曾见大鸟，“鸡头、燕喙、蛇颈、龙形、龟背、鱼尾，其状如鹤，体备五色”，其习性亦被记录：“不食生虫，不履生草，或止帝之东园，或巢阿阁。其饮食也，必自歌舞，音如箫笙。”[①] 文字详尽，读来似有所据。从关于凤凰的文字记录看，上古凤凰似乎与人较为亲近，黄帝之后则被视为难得一见的祥瑞，至汉朝，凤凰频繁出现，有大量记录见诸史册，魏晋南北朝、隋、唐、五代和两宋时期，凤凰也是人间的常客，但以后日渐稀少。凤凰出现最少的朝代是明代，似乎仅一例；其次是清代，有三例。世俗生活的重要性在不断增加，现实的思考代替了对天地征兆的猜测，凤凰正逐渐远离人间，淡出历史。

①李昉等编：《太平御览》，中华书局，1966，第4055页。

凤凰与祥瑞的关系是个颇有争议的问题。汉朝君王多重视祥瑞，唐代统治者则不以为意。据史载，汉宣帝神爵四年春二月，凤凰飞集长安，甘露降，遂大赦天下。汉宣帝时的贤臣黄霸任颍川太守八年，大治，凤凰、神雀多次飞临颍川。汉章帝时，凤凰凡百三十九现。曹丕欲受禅，据闻凤凰十三现，代汉之心，可谓感天动地。相邻的吴国也不甘寂寞，传夏口、武昌并言黄龙、凤凰现，遂改元黄龙。人间神器更迭，凤凰总是按捺不住欣喜的。唐贞观初，有白雀巢于殿庭之槐树，其巢，合欢如腰鼓，左右称贺。太宗曰："吾尝笑隋文帝好言祥瑞。瑞在得贤，白鹊子何益于事。命掇之，送于野[1]。"尚实而不语怪，是唐太宗过人之处。自清代中期之后，凤凰的消息湮没无闻，逐渐绝迹于人类的生活史，而在文化史、艺术史中作为观念形式继续存在；随后，随着对外交往的频繁，西方的自然科学以及生物进化论学说开始在中国传播，准确的地理知识逐渐取代了古人对异域空间的幻想，对世界和自我的全新认知颠覆了古老的知识，也清除了古代围绕着传统生活建立的社会化、道德化和政治化的动物观念。凤凰终于成为一种不正确的知识和前科学思维的产物，也成为不值得以求知态度对待的话题。无人证实并宣布它不存在，因为它已经虚无得失去了证伪的价值。

①刘昫等撰：《旧唐书》，中华书局，2000，第948页。

西汉王褒有《九怀》诗曰："痛凤兮远逝，畜鴳兮近处。"世上没有凤凰，确实是件令人沮丧的事。有关凤凰的文化、艺术都失去了根本的依凭。思考一种观念的产生，一种想象的动物被从思想中创造出来，从中发现其宗教信仰和政治、道德和生活方式的文化积淀，描述它的美，这一切都可以孜孜以求，但难免有空虚感挥之不去。最令人叹息的，还是在科学审视下世界的灵异性的失落，即使有一天真的发现了凤凰的活体或化石，它也只是一种凡鸟，一个可以在生物进化阶梯上加以描述的物种，它的自歌自舞，它的神性光辉，它的王者气象，都不过是古人的想象和附会。解除了神秘的世界，把一切都还原为科学分类中的一项符号，对人生和心灵无所助益。但可惜的是，尽管未被证伪，它也真的已不存在。今天当我们谈起文化、艺术和民俗中的凤凰，涉及的只是一具干瘪的遗蜕，尽管尚有谈兴，却如白头宫女说玄宗，因久远而变得寡淡的话题，含有隐隐的欲说还休的怅惘。

当文明驱走蒙昧，一个物质化的大地敞露在天空下，人的灵性与欢乐、呐喊与歌哭在天地间再也没有回响。神灵永远逝去了，宇宙中只留下人类追问着自己的存在。但笔者总会禁不住去想象一种景象，设想凤凰这个逝去的信使蓦然归来。也许，未来会涌现一种允许它存在的知识，让这个未经证实、也无法证伪的精灵，不再是被理性排斥、被科学讥讽的无知妄言，在物质世界的对岸开启一个与我们共在的时空，从而也开启凤凰向现实回归的通道。它从平行的空间中飞渡跃迁，向这个世界而来。也许它一直循着我们尚不明了的规律，在不可见的国度回旋翱翔，在咫尺天涯的另一维度自歌自舞。它的鸣叫是无人通晓的天籁，透过超弦的宇宙，震荡于我们的梦境，在困倦闭合的心头投下翼影，引起阵阵涟漪。

什么样的知识形态，才能容纳这样的梦想？

什么样的时光，才能奏响人神相谐的天乐？

它是祥瑞之精灵，与人间美善相感相召，即使相距以光年计，也能倏忽而至。它不为王者、不为大国，亦不为天意和权力的驱遣，只为人类的福祉而来，或为自己自由的性灵而来。它会不会以某种人类迄今未知的方式存在，人类会不会有与它共在的未来。没有征兆，没有答案。空置的大地没有祈祷之所，但我们双手合十，默对星辰，仿佛有足够的耐心。而那个幻想的影子，也许永不会到来。

第一章

凤栖：世界图景与历史记忆

凤栖林泉，啄饮自在，人在阡陌，昼夜作息。这是一个尚未被赋予多少意义的世界，一个知性的心智未曾丈量过和浸染过的世界。人居一隅，不知全豹，自然茂盛，符号稀疏。人被抛至蒙昧混沌的世界，智识昏暗，神话是初民唯一的灵粮。终其一生，人熟知的不过是方圆百十里之地。个人的游历经验不足以形成准确的地理知识。直到王朝国家出现之后，才有可能设置官吏，掌管邦国内外远近的山川形势、道路物产状况，并将分散的地理方志加以编纂以形成知识，《周礼》记载，周王朝设“小史”掌邦国之志，设“外史”掌书外令、掌四方之志、掌三皇五帝之书。王朝的中央政权掌握着相对精确的地理知识，但往往限于幅员和勘察手段，所知亦不周详。至于邦国之外的辽远地域乃至全天下，古人只能从有限的地方性经验出发，通过神话的指引和想当然的附会，以期推演出整个世界的轮廓。时间与空间邈远，记忆淡薄稀疏。凤凰影影绰绰，稍显即逝，是远古生物的孑遗，还是文化想象中的幻视错觉？我们考察凤凰的来由，应该首先思考：它作为一种曾经的合法知识，需要什么知识系统和世界图式作为存身的背景，它的存在有过哪些依据，它在生活中的位置，以及它如何得到世俗权力的加持。

第一节 凤凰的空间方位：从神灵世界到世俗生活

一种世界图景对应着特定的知识。前者规范着人们探求知识的方式和对象，后者反身经营产生它的世界，使之更清晰和富于细节。古人所知的世界真假参半，凤凰就栖居在此，在真实域与想象域分界线的彼方。就对世界的认知而言，古代典籍所述之地理，既有相对确凿的经验，也有凭幻想与想象的虚构。前者如《尚书》之《禹贡》篇、《管子》《尔雅》等，后者如《山海经》《淮南子》《周髀算经》等。真实的地图与想象的地图叠合，共同构成了古人的地理观和世界观。人居的世界风雨如晦，鸡鸣不已；域外的大荒事迹渺茫，神怪出没。同受天覆地载，从来山水相隔。《尚书》之《禹贡》篇，托名为夏禹之作，记载大禹在治水后以自然地理实体为标志，将统治区域进行分区治理，“禹别九州，随山浚川，任土作贡。禹敷土，随山刊木，奠高山大川”。文中以“荆、衡、岱、太华”四山与“河、济、淮、黑”四河及大海为界，将天下划分为冀、兖、青、徐、扬、荆、豫、梁、雍九州，描述了山川走势、水道分布、土壤分类，“九州”从此成为古人关于中国地理构成的基本概念。但是，在科学精神稀薄的年代，实证考察往往跟不上想象力的步伐。到战国时期，齐国人邹衍忽发奇想，提出《禹贡》中的九州合称“赤县神州”，而赤县神州外又有与其规模相仿者八，合为“中九州”，赤县神州为其一；像“中九州”这样高一级别的区域，天下又共有九个，谓之“大九州”。

> （邹衍）以为儒者所谓中国者，於天下乃八十一分居其一分耳。中国名曰赤县神州。赤县神州内自有九州，禹之序九

州是也，不得为州数。中国外如赤县神州者九，乃所谓九州也。於是有裨海环之，人民禽兽莫能相通者，如一区中者，乃为一州。如此者九，乃有大瀛海环其外，天地之际焉。[①]

①司马迁：《史记》，裴骃集解，司马贞索隐，张守节正义，中华书局，2013，第2344页。

凡事吻合九九之数，是古人常有的一种执着，本可姑妄听之，但世界被规划得如此严整精密，却又无从验证，言之凿凿未免惊世骇俗，古人亦多有异议，王充即谓之："此言诡异，闻者惊骇，然亦不能实然否，相随观读讽述以谈。故虚实之事，并传世间，真伪不别也。"[②]

②黄晖：《论衡校释》（下），中华书局，2022，第474页。

与这样一个嵌套式的九州宇宙模式相对，《山海经》提出了四海环绕五方之山的世界图景。在这一世界图景中，标出了凤凰生息活动的地域和方位，但这些地域却没有出现在今天的地图上。《山海经》所述事迹，简直不像我们这个星球上的状况，这也使历代的学者感到莫名其妙，争议不休。如《山海经》之《山经》中所载的地理状貌，究竟所述何处，至今没有定论。如何确定观察者的方位，历来是个难题。有的学者认为《山海经》中多楚语，应是以楚国为中心对周边世界的描述，也有学者提出了以蜀中平原为中心，或以晋西南和豫西为中心的意见。《山经》虽不乏神奇怪诞的因素，但描述地理信息的态度相对严谨，不时有人宣布新发现，声称书中描述与某地域的状况吻合；而《海经》不以此为足，继续拓展想象，描述山脉五百六十座，国五十一个，勾勒出东方大海、西方沙漠、南暑北寒的空间状貌，其中语怪多于常识，所述全然无可稽考。人们凭借想象赋予蛮荒的世界以秩序，将家国天下、域外大荒、五方之山、八方之海，尽收入一个似是而非的世界图式。进一步说，无论是套娃式的三层九州，还是四海环绕的五方之山，一定的地理观总是被一定的宇宙模式所统辖，它们是同一种知识范式的产物。

在中国古代，较为系统的宇宙观形成于春秋战国时代，大略有盖天说、浑天说和宣夜说等观点，“盖天说”谓“天圆如张盖，地方如棋局”，日月星辰皆附着于天盖上，随天盖转动；“浑天说”认为天是如同鸡蛋壳一样的球体，“浑天如鸡子，地如鸡中黄”，日月星辰附丽其上，流转不息；“宣夜说”则相信日月星辰皆为气，浮生于虚空。漏洞百出的知识，给幻想腾出了空间，精确性与惊奇和神秘从来不相容。对遥远地域的想象是上古神话的组成部分。在古人心中，世界是人神共在的。相传古有颛顼氏，命重、黎二人举天踏地，“绝地天通”，使天地相分、神人不扰。这一事件表面上对天界和世俗进行了分隔，但其意旨在于对世俗秩序的强调和对沟通天命特权的垄断，而并不试图禁绝现象世界中的神秘事物和人心中的神秘主义倾向。

世界图景模糊不清，论者莫衷一是，凤凰居于何处便无从探讨了。我们只知道，它在某个“异域”。在特定意义上，“异域”不是地理名词，而是精神现象，它不显现于当下，只存在于口口相传的过去和可以期望的未来。不可抵达的异域是激发想象的乌托邦，那里众神出没，龙飞凤舞；它想必存在于世界某处，能给贫乏的现实生活以慰藉，给人心带来无限向往。异域远在生活之外，但生活中一切不可解之物都可以在那里找到源头。异域不可至，亦不可知，因而具有无限的可能性，为神奇事物提供了生存繁衍空间。

如果要探讨凤凰，而非探讨“什么被误认为凤凰”，就应该排除先见，悬置成说，拿出一种近似现象学的态度：凤凰首先是凤凰，而非别物。它是这样一个被观察和研究的对象，一个被相信为存在的神奇的动物，而不是一堆文化观念和知识符号的拼合，不是在现代科学眼光下被拔光羽毛的白条鸡。如此，方能接近古人心目中对凤凰的“纯粹意识”。

古代典籍中，记载凤凰的篇章不胜枚举，《山海经》是最独特的一本。它谈天说地，无所不晓，语神道怪，概不求证，纵然空口无凭，却也无从辩驳。书中关于凤凰的文字，粗略统计有近二十处，涉及《南山经》《西山经》《海外西经》《海内西经》《大荒东经》《大荒南经》《大荒西经》《大荒北经》《海内经》诸篇，所涉地名，有丹穴之山、南禺之山、女床之山，有蓁山、摇山、门户山、盛山、待山。这些人迹罕至之地，有鸟名凤皇、名鹓雏、名鸾鸟，名狂鸟、名翳鸟，它们都是凤凰的别称。海内、海外和大荒究竟指何处，当今学者众说纷纭，没有形成定论，但多认为《山海经》所述必有所本，这个原本即现今已亡佚的《山海图》。有学者认为，《海外四经》《大荒四经》和《海内五经》分别是夏、商和西周神庙里的壁画[①]，因此，《山海经》诸篇不仅包含了古代王朝辖区及其周边的人文景观，也含有历时性的维度。直观地看，海内可以指中国及周边地区，海外是中原以外的全世界，大荒指目力不可及的遥远地方，更在海外之外。但从大荒诸经所述之事看，多有夏商和西周王室远祖的故事，与海内海外诸经并不处在同一时间线上；有学者认为，“大荒”实际上是时间概念而非空间概念，其意指的是远古洪荒。学坛纷纭众说，笔者难以评判，但显然海内、海外、大荒几个概念有相互包含和交叉的内容，又有时空交错的含义，并非严谨的地理概念。在笔者看来，《山海经》中现实世界与神话时空相互交织，不能对应今天的学科体制和古代的知识分类，属于科学意识萌芽之前诗性思维的思想印迹，是一种前知识、前地理学或前民俗学。《山海经》作者并不拥有今天意义上的明晰知识，亦无实述实证的诚意，不过是在驰骋想象，堆砌道听途说，以便在其中寄寓某种哲学思想或社会理念。但正是这种想象和传说给予了人心以丰富的精神滋养，也赋予了凤凰以神秘灵异的色彩。读《山海经》不是在

①王红旗：《山海经十日谈》，上海辞书出版社，2012，第 117 页。

读真实的世界地理、异国风物，而是在读我们自己的想象力。如叶舒宪所指出的：“《山海经》既是一部具有挑战意义的古书，又是我们民族某些根深蒂固的观念的渊薮。”[1]

凤有所居。所居何处？居在四方。据《山海经·南山经》：

> 丹穴之山，其上多金玉。丹水出焉，而南流注于渤海，有鸟焉，其状如鸡，五采而文，名曰凤皇，首文曰德，翼文曰义，背文曰礼，膺文曰仁，腹文曰信。是鸟也，饮食自然，自歌自舞，见则天下安宁。[2]

从《山海经》的世界地理方位看，丹穴之山属于南方第三列山系自西向东数的第三座山，“其上多金玉。丹水出焉，而南流注于渤海。”有学者认为，“丹穴在先民心目中是极南的地标和极热的象征。”[3] 南禺之山，同属南方第三列山系，是该山系最东边的一座，“其上多金玉，其下多水。有穴焉，水出辄入，夏乃出，冬则闭。佐水出焉，而东南流注于海，有凤皇、鹓鶵”。此山的水流和物产，与丹穴之山相仿；女床之山载于《西山经》，山南多赤铜，山北多石涅（即石墨），山中多野兽。綦山、摇山、门户山、盛山和待山皆载于《大荒东经》，有五彩之鸟。除此之外，有鸟疑似凤凰的地点还有弇州之山（鸣鸟，《大荒西经》）、王母之山、壑山、海山（鸾凤、凤鸟，《大荒西经》）、附禺之山（鸾凤、凰鸟、青鸟，《大荒北经》）、北极天樻（九凤，《大荒北经》）、蛇山（翳鸟，《海内经》）、都广之野（鸾鸟、凤鸟，《海内经》）等。除了《山海经》指出的凤凰栖居之地，段玉裁引《说文解字》指出，凤凰“出于东方君子之国，翱翔四海之外，过昆仑，饮砥柱，濯羽弱水，莫宿风穴，见则天下大安宁”[4]。

由此看来，凤凰栖居之处遍及四方，但多是人迹罕至的边

①叶舒宪：《〈山海经〉神话政治地理观》，《民族艺术》1999 年 3 期。

②方涛译注：《中华经典藏书·山海经》，中华书局，2009，第 13 页。

③陈健仲：《〈山海经〉名物考》，上海书店出版社，2015，第 45 页。

④段玉裁：《说文解字注》，上海古籍出版社，1981，第 148 页。

远地带，与人们的生活世界不甚发生关联。人信其有而不能至，心存神往但毕竟渺茫，宛如一个无从进入的平行空间。这样的地域，就对生活世界中的人们具有了乌托邦的意味——这个“乌托邦”，不是为了抗议现存秩序或表达理想追求而设计的生活模式，而是一个想象性的精神彼岸。它比批判现实或逃避苦难的乌托邦更超越、更本真，比对美好生活的向往更富于哲学气质，它指向的是人们在世生存的心灵状态：在给定的物质世界中，在无往而不在的必然性的枷锁中，人们对世界的神秘性和原初性所持的一种虔诚，对人与世界关系的其他可能性所抱有的一份守望。

凤有所止。止于何处？止在庙堂。古代典籍所载之凤凰，几乎都是在生活世界中出没，它们与人类的关系，似乎经历了一个从亲密相伴到日益疏远的过程。最早与凤凰发生关联的记载，是关于上古九帝之一的通姓氏，又号皇覃氏、离光氏，生活在远早于黄帝、炎帝的年代。《路史》载：

> 皇覃氏，一曰离光氏，兑头、日角，驾六凤皇，出地衡。在而不治，官天地府。……治二百五十载。[①]

与炎帝同时的大庭氏（一说炎帝即大庭氏），“适有嘉瑞，三辰曾辉，五凤异色。都于曲阜，故鲁有大庭氏之库。”[②] 上古时代的君主、首领以凤凰为坐骑，呈现的是人与凤凰至为亲密的伙伴关系。稍晚，上古帝王无怀氏以道存生，以德安刑，当世之人甘其食，乐其俗，安其居而重其生，“世用太平，凤凰降”[③]。更令人称道的是伏羲氏，画八卦，化蚕桑，造文字，制书契以代结绳，极大地推进了人类文明，于是天下大治，长离（凤凰）来翔。有学者指出，太昊氏就是伏羲氏，他率领的部族以风为姓，故称“风夷”；因古文字中“凤”与“风”

①王云五主编《丛书集成初编 帝王世纪 路史》，商务印书馆，1936，第21页。

②王云五主编《丛书集成初编 帝王世纪 路史》，商务印书馆，1936，第32页。

③王云五主编《丛书集成初编 帝王世纪 路史》，商务印书馆，1936，第52页。

①庞进：《中国凤文化》，重庆出版社，2007，第107页。

②班固：《汉书》，中华书局，1962，第1525页。

同，亦可解为“凤夷”——崇拜凤凰的夷人[①]。据史料记载，夷人是“东方鸟夷羽民”，“被服容止，皆像鸟也”[②]。鸟夷，应该指以鸟为图腾的东夷人，居住在沿渤海湾地区的山东、辽东半岛一带。在无怀氏等上古帝王的时代，凤凰已经成为一种祥瑞，标志着上天对政治清明的嘉许，这为后世千百年中凤凰的文化意味奠定了基调。

关于黄帝与凤凰的记载很多，但这不是凤凰与人亲近的证明，恰恰进一步显示了疏远：作为灵异和祥瑞被载入史册的凤凰，已经不再是寻常百姓所能见。到黄帝的时代，凤凰已成传说，但能为王者的英明至诚所感，蔽日而来，以彰盛德。据《竹书纪年》载：

> 黄帝建十二楼，六十年凤凰巢于阿阁。

六十年而一见，人以为幸事。

又据汉代韩婴《韩诗外传》卷八记载：

> 黄帝即位，施惠承天，一道修德，惟仁是行，宇内和平，未见凤凰，惟思其象，夙寐晨兴，乃召天老而问之，曰：“凤象何如？”天老对曰：“夫凤象，鸿前麟后，蛇颈而鱼尾，龙文而龟身，燕颔而鸡啄；戴德负仁，抱中挟义；小音金，大音鼓；延颈奋翼，五彩备明；举动八风，气应时雨；食有质，饮有仪；往即文始，来即嘉成；惟凤为能通天祉，应地灵，律五音，览九德。天下有道，得凤象之一，则凤过之，得凤象之二，则凤翔之，得凤象之三，则凤集之，得凤象之四，则凤春秋下之，得凤象之五，则凤没身居之。”黄帝曰：“於戏！允哉！朕何敢与焉。”于是黄帝乃服黄衣，戴黄冕，致斋于宫，凤乃蔽日而至，黄帝降于东阶，西面再拜稽首，曰：“皇天降祉，不敢不承命。”凤乃止帝东国，集帝

梧桐，食帝竹实，没身不去。《诗》曰："凤凰于飞，翙翙其羽，亦集爰止。"[1]

①许维遹：《韩诗外传集释》，中华书局，2009，第277—278页。

黄帝之子少昊后来也成为东夷首领，据传他出生时"时有五凤，随方之色，集于帝廷，因曰凤鸟氏"[2]。少昊时代的部落图腾是燕子，后在穷桑即首领之位，改凤鸟为族神，并建立了一套奇异的官吏制度。《左传·昭公十七年》载，少昊主持部落事务后，"以鸟名官"，设置凤鸟氏、玄鸟氏、青鸟氏等二十四个氏族；二十四个鸟名中，凤凰居首。氏族各司其职，管理政务，行使权力，形成一个集氏族与官吏于一体的部落社会。这套制度在历史上昙花一现，并没有产生多大影响，仅在北魏拓跋珪时代稍有回响，但"以鸟名官"为凤凰赋予了王者象征和权力色彩，其文化内涵与世俗权力更密切地结合在一起。作为崇拜对象和祥瑞，凤居世外，修德乃至，以三六九等的现身时间、现身方式为君王的政绩打分。如遇全盛之世，则群集而来，没身不去，如蔼蔼吉士簇拥王侧，拥戴君主，听凭趋使。东汉皇甫谧在《帝王世纪》中也描绘了这一景象：

②王嘉：《拾遗记译注》，孟庆祥，商微姝译注，黑龙江人民出版社，1989，第14页。

黄帝服斋于中宫，坐于元扈洛上，乃有大鸟，鸡头、燕喙、蛇颈、龙形、麟翼、鱼尾、状如鹤，体备五色，三文成字。首文曰顺德，背文曰信义，膺文曰仁智。不食生虫，不履生草，或止帝之东园，或巢阿阁。其饮食也，必自歌舞，音如箫笙。[3]

③皇甫谧：《帝王世纪》，载王云五主编《丛书集成初编 帝王世纪 路史》，商务印书馆，1936，第6页。

凤凰"五色成文"，当指《说文解字》的"错画也"之"文"，花纹的意思，解释为"文字"显然是会错了意。一只身上写满文字注释的凤凰非但没有灵异感，反而平添了迂腐冬烘和假冒伪劣的气质，牵强可笑。但上述记载中可见，当时人心目中的凤凰已成为天意神命的标志，从生活世界分化出来，出没于宫廷周围并成为权力的点缀，这意味着诸神正在淡出人类的日常意识和社会生活，天地相隔的格局已成，以人为中心的世俗社会开始建立在稳固的大地上。

凤凰与世俗权力相结合，为人君的圣德美政背书，凤凰之来有嘉许之意，凤凰之去则不乏告诫的目的。《竹书纪年》曾记载了黄帝与群臣的一番对话：

> 庚申，天雾三日三夜昼昏。帝问天老力牧容成曰："于公何如？"天老曰："臣闻之：'国安其主好文，则凤凰居之；国乱其主好武，则凤凰去之。'今凤凰翔於东郊而乐之，其鸣音中夷则，与天相副。以是观之，天有严教以赐帝。帝勿犯也。"[1]

[1]张玉春：《竹书纪年译注》，黑龙江人民出版社，2003，第88页。

凤凰教人以德，也教人以道，凤之来去，合乎天人相符的观念，凤凰是天命与人事相沟通的一个中介，是天道与人心关系的一个标志物。被赋予了这样的功能，凤凰就不仅是具有神话色彩的灵异动物，而是被政治化和道德化的神权化身。

凤凰偏爱权力，亲近君主，难免使官方记录中的凤凰在可信度上打了折扣。但这种印象的产生，与其说根源于凤凰本身，不如说与资料来源有关。官方历史用政治逻辑连缀和剪裁，必然将凤凰与政治生活相联系。不在特定史观之下负载某种意义，一个事件是无法进入历史的。而凤凰若现身民间，即使万人空巷、轰动一时，也难以被记录和流传下来，多半被演绎为民间故事，淹没在好人好报、穷汉遇仙、忠孝得福之类的故事里。街谈巷议，假语村言，不入正史，是以后世无传焉。因此，历史上形成的关于凤凰的记录，是一条凤凰与皇权交集的线索；凤凰所呈现的美也就摆脱了单纯的色彩与仪态的形式感，成为一种政治伦理意义上的积极价值。

黄帝之后，少昊氏亦有凤凰之瑞。少昊氏即位时，凤鸟适至，因以鸟纪官，设置官名“凤鸟氏”以司历正。帝喾高辛氏热爱音乐，命乐师咸黑创作了《九招》《六列》《六英》等乐曲，据《宋书》载，帝喾高辛氏曾“使鼓人拊鞞鼓，击钟，凤凰鼓翼而舞”[1]。在尧、舜和禹的时代，凤凰或舞于庭，或栖于树，总是意味着并提醒着人们，君王的圣明和功绩；它们在人间的止栖之处，多半不离权力中心附近。《尚书·益稷》有载：“箫韶九成，凤凰来仪”“击石拊石，百兽率舞”。“箫韶”是虞舜时的乐曲，“九成”谓奏乐至终章；音乐之美令凤凰和百兽起舞。“凤凰来仪”之“仪”，孔安国解为“偶”，意指凤凰成双。这样的记载，不仅意指艺术的尽美，更喻示着政治的尽善。凤凰为艺术的美感增添了“政通人和”的政治伦理注解。总体来看，凤凰存在的空间，是由上古神话和古代政治话语书写而成，是从四方异域向宫廷王权通达的空间。

①沈约：《宋书》，中华书局，1974，第 761 页。

第二节　史书中的凤凰：逐渐消失的传闻

历代的官编正史都体现着国家意志、主流史观，其中所涉及的凤凰事件，显示着官方对它的态度以及凤凰的“政治地位”。古籍中的记载给人这样的印象：凤凰虽然稀少，但绝非虚诳之言。古人相信凤凰的存在，似乎因为凤凰的确是他们生活的一部分。20 世纪发现的商代甲骨文中有此记载：“甲寅卜，呼鸣网雉，获凤。丙辰，获五。”[2]意思是商王命令鸣（人名）用网捕捉雉鸡，丙辰日这天，捉到了五只凤凰。语气轻描淡写，读来觉得他们虽以凤凰为吉祥，但未将其看作难得的灵异景象。凤凰有时出现在野外，人们或惊鸿一瞥，或遥闻凤鸣，也并不为凤凰本身惊异，关心的倒是它所预示的现实含

②于省吾：《甲骨文字释林》，中华书局，1979，第 324 页。

义。如《竹书纪年》提到商文丁十二年，“有凤集于岐山”，“文王梦日月著其身，又鷟鸑鸣于岐山。孟春六旬，五纬聚房。后有凤凰衔书，游文王之都。”两次凤凰现身，被认为是预示着周文王势力的崛起。

周朝建立后，周公、周成王也都与凤凰结缘。据蔡邕《琴操》载：

> 《仪凤歌》者，周成王之所作也。成王即位，用周召毕荣之属，天下大治，殊方绝域，莫不蒙化，是以越裳献雉，重译来贡，太平之瑞，同时而应，麒麟游苑圃，凤凰翔舞于庭，颂声并作，佥然大同。于是成王乃援琴而鼓之，曰：“凤凰翔兮于紫庭，余何德兮以感灵，赖先人兮恩泽臻，于胥乐兮民以宁，凤凰来兮百兽晨。”[1]

①蔡邕：《琴操》，吉联抗辑，人民音乐出版社，1990，第42页。

《琴操》所录歌词多为先秦旧题，实际上是两汉时人托名之作，但《仪凤歌》的存录，至少说明成王见凤的传闻是存在的，政治人物对凤凰的借重和青睐也显而易见。

从文字记录看，汉代是凤凰出现最多的朝代，而且往往是大规模出现，引起朝野震动。据宋元之际的马端临《文献通考》记载：

> 汉昭帝始元三年冬十月，凤凰集东海，遣使者祠其处。
>
> 宣帝本始元年五月，凤凰集胶东、千乘。
>
> 四年五月，凤凰集北海安邱、淳于。
>
> 地节二年四月，凤凰集鲁郡，群鸟从之。
>
> 元康二年三月，以凤凰集，赐天下吏民爵，女子牛酒，鳏寡高年帛。
>
> 神爵二年，凤凰集京师，群鸟从者以万数。
>
> 四年冬十月，凤凰十一集杜陵。十二月，凤凰集上林。

五凤三年，鸾凤集长乐宫东阙中树上，飞下止地，文章五色。[①]

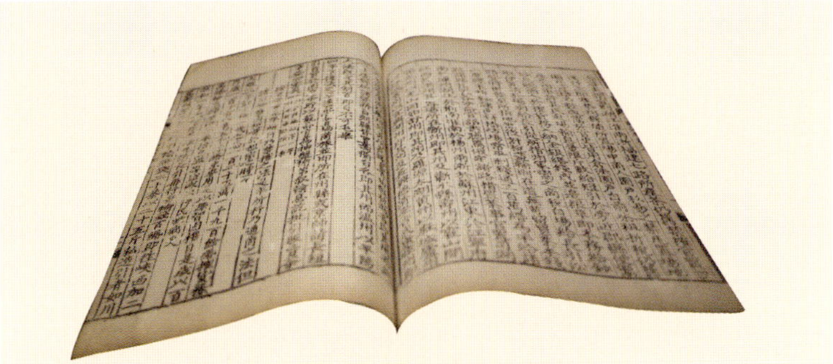

《文献通考》书影

马端临记录的这几条均取自《汉书》。《汉书》尚实录，任意捏造的可能性很小。《前汉纪》中亦有载：汉宣帝甘露三年春二月诏曰：

乃者凤皇集新蔡，众鸟四面行列而立以万数。其赐汝南太守帛百匹，新蔡长吏、三老、孝弟、力田、鳏寡孤独帛各有差，赐吏民爵二级，无出今年租。[②]

又见：

汉孝宣帝元康四年春三月诏。三月诏曰："乃者神雀五采以万数，集长乐、未央北宫、高寝甘泉泰畤殿中，及上林苑。朕之不逮，寡于德厚，屡获嘉祥，非朕之任。其赐天下吏民爵，女子百户牛酒，三老、孝弟、力田、鳏寡孤独各有差。"[③]

《前汉纪》出自东汉荀悦之手，为汉献帝读班固《汉书》苦于文繁难省，故按《左传》体例将《汉书》加以缩编而

①马端临：《文献通考》卷三百十三，物异十九，考二四五一，中华书局，1986。

②荀悦、袁宏：《两汉纪》，张烈点校：中华书局，2002，第357页。

③荀悦、袁宏：《两汉纪》，张烈点校：中华书局，2002，第322页。

成。上述元康二年、元康四年、五凤三年诸条中，凤凰、神雀动辄过万，吏民共见；皇帝大范围向臣民赐爵、赐牛酒、赐布帛乃至大赦，“令民大酺五日”[1]，规模空前，是轰动朝野的大事。元和四年因为祥瑞集中出现，章帝乃下诏改元：

①荀悦、袁宏：《两汉纪》，张烈点校：中华书局，2002，第352页。

> 乃者凤凰仍集，麒麟并臻，甘露宵降，嘉谷滋生，芝草之类岁月不绝。朕夙夜祗畏上天，无以彰于先功，今改元和四年为章和元年。[2]

②范晔：《后汉书》（简体字本），中华书局，1999，第108页。

如果皇帝只为坐实一个捏造的祥瑞，就如此兴师动众地改年号、颁赐天下，未免事倍功半，效费比太低。就常理度之，当时应该是出现了一些不寻常的景象，朝廷如此力度的反应才显得不那么突兀。

以今天的认知来判断上述记录，要么认为其他鸟类被误认为凤凰，要么认为是朝廷以谎言神话自己、愚弄大众，而“凤凰真的来了”的判断必在排除之列。其实严格来说，今天固然找不到凤凰存在的证据，却也无法从逻辑上将其证伪。在波普尔“证伪主义”理论的意义上，“凤凰存在”一说具有所谓“伪科学”的性质。在波普尔看来，划分科学和伪科学的界线在于“可证伪性”。“可证伪性”是科学的标志，就是说，科学的理论总是包含着这样一种标准，即关于“对象满足什么条件即可证明该理论不成立”的标准，而伪科学则不提供这样的标准。比如，我们可以对“进化论”的科学性进行判断，只要发现某一物种出现的年代与其在进化线索上的位置不符——如：在单细胞生物时代的地层里发现了人类化石——即可判断该理论不成立，换言之，该理论是有可能被证伪的，此为“可证伪性”；但我们无法知道星相学被整体推翻的标准是什么，它从不提供严格的可供检验的事实，也就剥夺了人们证伪它的机会，这就是“不可证伪性”。因而，进化论是科学，无论它是否有一天会被推翻；星相是伪科学，无论它预测“成功”多少次。“凤凰存在说”同样无法证伪，它让我们永远处在发现凤凰的途中，处在真相大白的一刻的前夜。未来会不会有这一刻，谁也无法断言，因此，“凤凰存在说”不具备科学的特征。但正因为缺少证伪它的途径，凤凰的存在与否永远有争论的余地，它会作为怀疑论意义上的一种可能性而存在下去；而且，除非发现了凤凰的活体或化石，它也永远无法被纳入科学研究的领域之中，它不可能被作为研究的对象来对待。因此，在哲学的意义上，“凤凰不存在”的结论就是一种无法验证的独断，它不过是对现代知识立场的一次重申，为讨论凤凰问题预设了先见。而在本书中，这个结论是笔者首先要加以悬置的。如此，我们才能把讨论指向“凤凰”，而不是“什么被误认为凤凰”；同时，当我们在观念中撤销了“凤凰不存在”的固有意识，就能以更接近古人的心情去体验对于凤凰的真实态度。

我们不是要恢复那些被抛弃的知识范式，我们是要反思它们的逐渐消失。

两汉的历史记录语气平实，如《汉书》所载多为第一目击者口吻，颇觉可信：

> 上自幸河东之明年正月，凤凰集祋祤，于所集处得玉宝，起步寿宫，乃下诏赦天下。后间岁，凤凰、神爵、甘露降集京师，赦天下。其冬，凤凰集上林，乃作凤凰殿，以答嘉瑞。[①]

①班固：《汉书》，中华书局，1962，第1252页。

南朝宋时范晔所撰《后汉书》对凤凰也有生动的记录：“建武十七年冬十月甲申，有五凤凰见于颍川之郏县。”[②]注

②范晔：《后汉书》（简体字本），中华书局，1999，第47页。

引《东观汉纪》称："凤高八尺，五彩，群鸟并从，行列盖地数顷，停一十七日。"[①]《后汉书》中虽多转述，但信息简约准确，亦给人诚心正意之感："汉安帝延光三年，春二月戊子，济南上言，凤皇集济南，台县丞霍穆舍树。"[②]又，"（汉灵帝建宁三年）冬十月，行幸长安。壬午，新丰上言凤皇集于西界亭。"[③]时间地点都确凿翔实，甚至具体到屋舍之树，可见当时人们对凤凰出现的态度是较真的，对凤凰的观察也是细致的；这种较真的态度和细致的观察都不似来自虚妄之说，而应该与频发的现象相关。

①范晔：《后汉书》（简体字本），中华书局，1999，第47页。

②范晔：《后汉书》（简体字本），中华书局，1999，第159页。

③范晔：《后汉书》（简体字本），中华书局，1999，第160页。

凤凰屡现，可以说是汉代政治生活中一个很突出的特点。西汉宣帝在位期间，有五凤年号四年、神爵年号四年；"神爵"即"神雀"，亦与凤凰有关。东汉章帝在位时，仅公元85—87年间，凤凰就出现上百次："元和二年以来，至章和元年，凡三年，凤皇百三十九见郡国。"[④]凤凰成为夸耀文治武功、烘托盛世气象的天然饰物。但是，凤凰固然吉祥，却是无主之物，天下纷争之世，便不知是谁家祥瑞。到汉末及三国，各种瑞兽应时而动，为多方政治势力背书。汉灵帝在位期间，施行党锢，任用宦官，卖官鬻爵，导致社会动荡，灵帝后期终于爆发了黄巾起义。然而据史载："汉灵帝建宁四年，河南上言二凤二凰、二鸾鸟，集原县。[⑤]"（此事迹见于宋代《太平御览》，但为《后汉书》所无。）当此乱世而二凤二凰出，不知是特意反讽，还是为王朝显示倒计时。其后经少、献二帝，东汉遂亡。汉献帝在位的最后一年（建安二十五年），即延康元年，"八月，石邑县言，凤凰集。又，郡国十三言，凤凰见。"[⑥]同年，献帝禅位于曹丕，改元黄初元年，凤凰终于实现了自己预言的祥瑞。吴地的凤凰也不甘落后，黄武五年秋七月，"权闻魏文帝崩，征江夏，围石阳，不克而还。苍梧言凤凰见。"[⑦]"黄龙元年春，公卿百司皆劝权正尊号。夏四月，夏口、武昌并言黄

④沈约：《宋书》，中华书局，1974，第796页。

⑤李昉、李穆、徐铉等编《太平御览》，卷九一六·羽族部三，中华书局，1966，第4059页。

⑥陈寿：《三国志》，中华书局，1999，第44页。

⑦陈寿：《三国志》，中华书局，1999，第838页。

龙、凤凰见。丙申，南郊即皇帝位。”[①] 孙权建立孙吴帝国，为一时雄主，龙凤并出，堪相称也；但其后继者孙亮为孙权第七子，即位为帝，实乃多年犹疑权衡之选，其瑞兆也就有些似是而非：“太元元年，有鸟集苑中，似雁，高足长尾，毛羽五色，咸以为凤凰。”[②] 瑞兆模棱两可，统治者就会越发关注瑞兆的出现，其结果是不断发现模棱两可的瑞兆：“孙亮建兴二年十一月，有大鸟五，见于春申，吴人以为凤凰。”[③] 如此记录，事迹可疑，笔法可笑，显示了著史者所持的态度。孙亮 10 岁登基，15 岁亲政，16 岁被废，18 岁在贬谪途中被毒杀。凤凰有灵，逢此必远遁，焉能降以祥瑞。

在魏晋南北朝，凤凰亦多有现身。这时社会动荡，战乱频仍，凤凰也罕见地流露出某些悲情的预示，凤凰有时携子而出，也是该时期凤凰现身的特点之一。十六国期间，前赵刘曜光初四年，“时有凤凰，将五子，翔于故未央殿。五日悲鸣不食，皆死。”[④] 刘曜欲废太子刘熙而立刘胤，引起大臣反对，刘胤亦表示不敢奉命，并引《尸鸠》典故述父子之情不可偏颇，声泪俱下，悲感朝臣。适凤凰携子来，悲鸣共死。此情此景，感人肺腑。刘曜遂收回成命，封刘胤为永安王。凤凰现身说法，深度参与了刘曜的国事和家事，已经超出了报祥瑞的范围，用生命为人世的历史进程充当了伦理化的插图。另外，《二石伪事》有载“凤凰携九雏”现身邺城延明门外道西，日期不明；沈约《宋书》中记载有“晋穆帝升平四年二月辛亥，凤皇将九子见郧乡之丰城。十二月甲子，又见丰城，众鸟随从。升平五年四月己未，凤皇集沔北，至于辛酉。百姓聚观之。”[⑤] 记录较详细涉及了凤凰的生活场景，将子携众，颇有王者气象。与之对应的人间事态，是升平五年晋穆帝司马聃驾崩，皇太后下令说司马丕是皇室正统，本来早就该登基为帝，如今没有人比他更适合当皇帝。于是司马丕即位，就是晋哀帝。但哀帝在位期

①陈寿:《三国志》，中华书局，1999，第 839 页。

②欧阳询:《艺文类聚》，汪绍楹校，中华书局，1965，第 1709 页。

③沈约:《宋书》，中华书局，1974，第 943 页。

④房玄龄等:《晋书》，中华书局，1974，第 2697 页。

⑤沈约:《宋书》，中华书局，1974，第 795 页。

间无大建树，除了曾因日食而罪己并下令减赋，以及亲自下田劳（神）作（秀）之外，找不出什么可以称道的政绩。而且，哀帝还热衷于长生不老之术，按照方士的教导不停地断谷、服丹，导致无法理政仍不肯悔悟，终于在25岁那年，自择良方服之卒。如此君王如何引得凤凰现身？想来应该是出自皇太后的人造祥瑞。

十六国时期，北方的异族统治者也表现出对凤凰的热衷，如前秦苻坚。苻坚热烈期盼着凤凰降临，不料等来的却是一只复仇的凤凰。公元370年，前秦灭前燕，前燕皇子、十二岁的慕容冲和他十四岁的姐姐清河公主一起，作为战利品被掳入苻坚在长安的禁宫，姐弟二人成为苻坚的专宠。慕容冲小名凤皇，容貌俊美，史称有龙阳之姿，不幸屈从龙阳之事。唐以前的正史中，男风屡见，人们似乎见惯不怪，不以为非；唐以后史书中此类记载渐稀。当时有歌谣曰："一雌复一雄，双飞入紫宫""凤皇凤皇止阿房"，即坊间对此事的津津乐道。苻坚闻之，以为将有祥瑞之事，于是在阿房宫植桐竹数十万株，以招引凤凰。后慕容冲借外放平阳太守之机，投其兄慕容泓，又数年，乘苻坚淝水之败，从慕容泓起兵进逼长安。慕容泓身死，慕容冲被立为主，围城，长安指日可下。苻坚眼看将败，遣使送锦袍于慕容冲，欲以旧情动之，慕容冲不允。苻坚出亡，被俘死，慕容冲入长安，纵兵屠城，终于实现了"止于阿房"的谶语。可笑苻坚，以为这等"旧情"可以感同身受，岂不知君之蜜糖，正是他人之毒药乎？

魏晋南北朝时期，凤凰现身所涉及的年号还包括苻坚甘露三年、宋武帝永初元年、宋文帝元嘉十四年、宋孝武帝孝建元年、南齐明帝建武三年、梁武帝天监元年、梁简文帝大宝元年等。当有凤凰来仪，为彰其事，统治者总会做出相应的贺瑞之举，赦罪衍，或改年号，或改地名。如"苻坚甘露三年九月，凤凰集于东阙。大赦其境”[①]。从史料中还可以看出，凤凰现身发生在某一年号的元年的比例相当高，除了因凤凰现身而改元的情况，凤凰总是与某种“一元复始”的期盼心理相伴随。南齐时，第六位皇帝萧宝卷昏庸无道，行事荒诞，常常深夜出宫闲逛，拆毁民居，“入富室取物，无不荡尽”，避之不及的民众就会被格杀；导致京城道无行人，店铺空置，工商莫不废业。此外，萧宝卷稍不合意即诛杀官员，朝堂之上人人自危，一时社稷动荡，大臣纷纷起兵造反。公元500年，萧衍起兵讨伐，萧宝卷为部下所杀。萧衍褫夺其帝号并追贬其为涪陵王，不久又贬其为东昏侯。“梁武帝既废涪陵王，为东昏侯，建康令羊瞻解称，凤凰见县之桐下里。”[②]此时凤凰现身，预示黑暗时期的终结，清平天下的来临。似乎是为了表达天意人心的喜悦，凤凰的现身一发而不可收，直到两年之后的天监元年，还有凤凰现身的消息，还是同样的凤凰，还是同样的地点：“天监初，凤凰见建康县同夏里。又集南兰陵。”凤凰现身的时机有时会配合重大的政治事件，但很多与时局并无关系，具有很大的偶然性。值得注意的是，凤凰的止栖处所除了宫廷，亦落于名臣高士乃至平民之居；南朝宋代文人刘敬叔所撰《异苑》载：“东莞刘穆之，字道和，小字道人，世居京口。隆安中，凤凰集其庭，相人韦薮谓之曰：子必协赞大猷。”[③]刘穆之是南朝刘宋时代名臣，为刘裕最器重的辅弼；凤集其庭，是嘉其才德。“文帝元嘉十四年三月丙申，大鸟二集秣陵民王颛园中李树上，大如孔雀，头足小高，毛羽鲜明，文采五色，声音谐从，众鸟如山鸡者随之，如行三十步顷，东南飞去。扬州刺史彭城王义康以闻。改鸟所集永昌里曰凤皇里。”[④]凤凰降身民间，行止从容，使百姓得以近距离观察，这是比较罕见的记录。王颛一介平民，凤栖其树，亦无事继其后者。但作为一桩奇事毕竟吉祥，故改地名以彰之。

①崔鸿：《十六国春秋》，商务印书馆，1937，第24页。

②姚察、姚思廉：《梁书》，中华书局，2020。

③刘敬叔：《异苑》，中华书局，1996，第33页。

④沈约：《宋书》，中华书局，1974，第795页。

凤凰出而众鸟从，也是魏晋南北朝时期凤凰现身的常见景象。北周武帝宇文邕在位时的天和二年（公元 567 年），出现过一次规模较大的凤凰现身事件。“周武帝天和二年，秋七月辛丑，梁州上言，凤凰集于枫树，群鸟列侍，以万数。”[①] 宇文邕属鲜卑族，代郡武川人，是一个颇有作为的君主。在他的治理下，北周政治清明，百姓富裕，国力强盛，后伐北齐而灭之。其文治武功放之历史视野，不过转头成空，但他于建德年间发起的灭佛运动，却是影响了中国文化走向的大事。南北朝时由于统治者的倡导，佛教大兴于世，南朝有四百八十寺之盛，北魏末年有佛徒二百万，僧寺三万所。北周的几代统治者如宇文觉、宇文毓都虔心佛教，在他们的推广之下佛教势力迅速壮大。寺院吸引信众，广聚财富，势力大张，逐渐能与中央政权分庭抗礼。出家人不事生产，还控制了大量土地，且有横行不法之徒匿踪佛门，图谋造反。周武帝亲政第二年关中大旱，有寺庙借机放贷，发国难财，引起严重的社会和政治危机，为此，有大臣贵胄上书请废佛教。经过召集群臣和三教名流讨论，宇文邕决定崇奉儒学，贬斥佛道，后下令捣毁佛像，收缴寺庙，僧众还俗，几乎彻底禁绝了北方佛教势力。这次运动，周武帝“断佛、道二教，经像悉毁，罢沙门道士，并令还民”。虽“融佛焚经，驱僧破塔”，但毕竟不曾杀戮僧道，手段比较温和。同年，周武帝下诏立通道观，目的是研究儒道释三家哲理，弥合三教分歧，“所以济养黎元，扶成教义者，并宜弘阐，一以贯之”，试图在儒学根基之上，杂取各家，建构新的官方意识形态。这样，北周由一个几乎走上政教合一道路的政权回归到世俗政权的轨道上。灭佛之国有凤来仪，可见凤凰虽居海外四荒，终究是中国文化的本土产物，且是世俗权力的佳客和人间生活的现象，与佛家没有什么瓜葛，于灭佛毁道之事亦无腹诽。

①见《二十五史》，上海古籍出版社，2018，第 2589 页。

真品稀缺，赝品乃出。对凤凰的普遍期盼心理，给投机钻营者带来机遇，于是产生了不少假凤虚凰的事件，隋朝的高德儒借凤凰谣言发迹就是一例。高德儒是隋炀帝的亲卫校尉，一次在洛阳西苑看见孔雀，便声称看见鸾鸟祥瑞，奏报隋炀帝。隋炀帝赶到时孔雀已经飞走，无法验证，隋炀帝遂任命他为朝散大夫，后为西河（今山西汾阳）郡丞。《资治通鉴》载："有二孔雀自西苑飞集宝城朝堂前，亲卫校尉高德儒等十余人见之，奏以为鸾，时孔雀已飞去，无可得验，于是百僚称贺。诏以德儒诚心冥会，肇见嘉祥，擢拜朝散大夫，赐物百段，余人皆赐束帛；仍于其地造仪鸾殿。"[①] 记载的诏书中，"诚心冥会"是个非常值得注意的说法，可以看出，在隋朝人心中这是凤凰现身的条件之一，即主体必须处在诚心正意、人神相通的状态，凤凰才会客观上降临且主观上可见；"心诚则灵"的意识，就在可信性方面赋予了众多目击报告以很大的辩解余地。这种"诚心冥会"的观念，显然受到汉代天人感应说的影响，寂然不动，感而遂通。以为人与自然万物同类相通，人之气能影响到天地宇宙中之气，在天人交互作用下，天能预示灾祥，人亦能上感于天。大业十三年（公元 617 年）六月初五，李渊起兵，派李建成、李世民攻打西河，六月初十，攻克之。李世民劝高德儒投降，被拒，遂历数其罪："汝指野鸟为鸾，以欺人主，取高官，吾兴义兵，正为诛佞人耳！"[②] 即诛之。高德儒虽谎言媚上而得爵禄，但最终能尽心职事，忠君死节，人格并非一无足取，其对亲历凤凰降临的至死不疑，也始终如一地贯彻了主观真实性。

唐代凤凰的历史记录开始于唐高祖李渊在位的武德九年（公元 626 年），其瑞兆却应在后继者李世民身上。这一年六月，长安城太极宫的北宫门发生了玄武门之变。李世民孤注一掷，在玄武门杀死自己的长兄太子李建成和四弟李元吉，逼

①司马光：《资治通鉴》，中华书局，1956，第 5696 页。

②司马光：《资治通鉴》，中华书局，1956，第 5738—5739 页。

迫李渊立自己为太子，同年继承皇帝位，年号贞观，开启了自己的帝王生涯。据台湾学者钱济鄂先生的《凤凰考》一书引述《册府元龟》记载：“唐高祖武德九年七月，海州言，凤凰见于城上，群鸟数百随之，东北飞，向苍梧山。”唐太宗以武德九年八月即位。是月，嶲州言，凤凰见。九月，莒州言，凤凰二见，群鸟随之，其声若八音之奏。[1] 这又是一次定位精准的降临，在重大历史关头显现天意，恰当弥补了李世民夺嫡继统在合法性上的缺陷。唐太宗几度表示过对祥瑞的不耐烦，曾明确指示：“朕比见众议以祥瑞为美事，频有表贺庆。如朕本心，但使天下太平，家给人足，虽无祥瑞，亦可比德于尧、舜。若百姓不足，夷狄内侵，纵有芝草遍街衢，凤凰巢苑囿，亦何异于桀、纣？……动作兴事，人皆乐之；发号施令，人皆悦之，此是大祥瑞也。自此后诸州所有祥瑞，并不用申奏”[2]。但这些表态不妨碍凤凰日后又几次降临，对其政权合乎天道人心的性质进行补充说明。“贞观九年十月，黎州言，凤凰见。十年八月，雒州言，凤凰见。二十一年六月，淄州言，凤凰见。”[3] 唐高宗李治在位时社会安定，政治清明，时人谓“有贞观遗风”，引得凤凰眷顾，且盛况空前：“唐高宗上元三年十一月壬申，陈州上言，凤凰见于宛丘。众鸟数万，前后翊从，行列齐整，色别为群。改上元三年，为仪凤元年，大赦。”[4] 这次祥瑞发生在公元676年，规模如同一次阅兵式，蔚为壮观。群鸟各从其类，倒是本性使然，难得的是行列齐整，秩序井然，使一向“厌恶直线”的大自然呈现出严格的几何形式，呈现出自觉的社会等级、类别、纪律意识以及仪式感，殊令人惊叹。帝国为此改元并大赦，可见这次罕见的祥瑞对统治者的触动是巨大的。但时隔十八年后的武后长寿三年（公元694年），这一祥瑞景象被原封不动地复制：“唐武后长寿三年十一月，陈州上言，苑丘县凤凰集，众鸟数万，前后翊从，行列齐整，色别

①钱济鄂：《凤凰考》，宏文艺苑，2001，第25页。

②吴兢：《贞观政要集校》，谢保成集校，中华书局，2009，第521页。

③钱济鄂：《凤凰考》，宏文艺苑，2001，第25页。

④钱济鄂：《凤凰考》，宏文艺苑，2001，第25页。

为群。”[1] 时隔十八年的前后两次记录几乎一字不差，可以猜测后一记录有授意或揣摩上意的嫌疑，流露的是后来统治者对前朝的攀比态度。玄宗时也有凤凰降临，但玄宗的反应低调得多，仅仅将事发地点通训门改名为凤凰门，《新唐书》载：唐玄宗“再幸左藏库，班赍百官。出纳判官魏仲犀言：“凤集通训门。”门直库西。有诏：改为凤皇门。”[2]

五代十国是混乱分裂的时代，然而亦多祥瑞。公元907年，梁太祖朱温灭唐，蜀王王建不承认其正统地位，遂于次年自立为帝，国号蜀，年号武成，这就是十国中的前蜀政权。称帝前，祥瑞屡现，巨人、凤凰、黄龙、甘露、白鹿、白雀、龟等不一而足，为前蜀基业提供多方面的合法性佐证。王建出身饼师家庭，排行第八，自幼屠牛盗驴不务正业，有“贼王八”的绰号。后投军，因军功擢拔于行伍，黄巢起义时，因勤王有功而成为一方军阀。王建称帝后，也并无可以称道的作为，在选立太子的问题上磨难重重，致一位皇子死于宫斗。后来，传位于后主王宗衍（自名王衍）。后主特长在于斗鸡，并无治国之能，政事完全托付宦官和外戚。一时卖官鬻爵之风大盛，社稷民生每况愈下，不久前蜀即为后唐所灭。考察前蜀政权的兴亡过程，于国于民，没有哪件事配得上祥瑞之兆。凤凰何以见到权势将兴，即来帮闲献舞？可见前蜀建政时的灵禽瑞兽，多半是钻营者们的捏造之词。披阅史书，见瑞相纷呈，总难信其皆为造假，料想言之凿凿，总得多少有所依傍，凭空诳语，人心何至于此。但观历代之谗佞百态，赤胆肉麻、衷心无耻者争先恐后，所在多有，又不得不信耳。据《新五代史·前蜀世家》载：“七年，梁灭唐，遣使者谕建，建拒而不纳。建因驰檄四方，会兵讨梁，四方知其非诚实，皆不应。是岁正月，巨人见青城山。六月，凤凰见万岁县，黄龙见嘉阳江，而诸州皆言甘露、白鹿、白雀、龟、龙之瑞。”[3]

①钱济鄂：《凤凰考》，宏文艺苑，2001，第25页。

②宋祁、欧阳修等：《新唐书》，中华书局，1975，第5847页。

③欧阳修：《新五代史》，中华书局，1974，第787页。

五代时期的军阀安重荣出生于武将世家，从小精通骑射。后唐末年，石敬瑭起兵，任命安重荣为成德军（今属河北石家庄）节度使。安重荣对石敬瑭屈膝于契丹的政策不满，认为是万世之耻，决定起兵谋反。恰巧此时“黑鸦生五色雏，以为凤，乃欣然谓天命在己，遂举兵反”[①]。安重荣将五色乌鸦看作保佑自己的祥瑞，可惜假凤不灵，在与石敬瑭作战中，安重荣被部下赵彦之背叛，被俘斩首，脑袋也被做成了涂漆标本送给契丹。

①薛居正等：《旧五代史》，中华书局，1976，第1304—1305页。

十国之一的吴越国，也有凤凰出现的记载。吴越国地处江浙，国君钱镠自知国小力弱，无力与中原大国争衡，因此历来尊中原王朝为正朔，遣使纳贡以图周全，并沿用他们的年号。钱镠没有帝王雄图，一心保境安民，发展经济，浚河灌溉，重视渔盐桑蚕业的发展，修建钱塘江捍海石塘等基础设施。因此他在位期间，吴越国人民富庶，社会繁荣，“钱塘富庶盛于东南”，史传多对其有较高评价，江浙民间亦对他抱有发自内心的好感，尊称其为“海龙王”；特别是他写给自己的王妃庄穆夫人的信中名句“陌上花开，可缓缓归矣”传诵至今，塑造了他温厚深情的个人形象。钱镠无雄霸之心，但有一方主宰者的眼光、勤勉和才具，有江南人的务实和心细。“陌上”一语，纯是天籁，道着家事却艳绝千古，善言情者经营不来，善舞文者亦说不出。后梁贞明五年（公元919年），“吴越太祖时，因凤凰来鸣，割新城县凤翥乡，属安国县，易名为灵凤乡”[②]。钱镠既然于天下无所图，也就无须编造祥瑞来达到自我神话的目的，其凤凰降临的记录便多了几分真实可信的印象。与此同时，同为十国之一的南汉国，凤凰也有现身，结局却大相径庭。时有皇帝刘晟，人狠、才疏、爱猜忌，先是杀兄刘玢后自立为帝，此后便与诸弟有了心病，数年内将几位弟弟一一杀掉。其中刘洪泽颇有才干，他镇守邕州时政绩斐然，人民安乐，凤凰

②钱济鄂：《凤凰考》，宏文艺苑，2001，第26页。

来翔。刘晟闻之大怒，使人鸩杀之。凤示祥瑞，约等于不臣之心，于是凤凰罕见地变成了催命之符。

有宋一代，太宗、真宗、神宗时期都有凤凰现身的记录，出现的地点分别是清远县（属广东广州）、白州（广西壮族自治区博白县）、增城县（广东省广州市增城区），尤以真宗时的凤凰记录最为详细。宋元之际的学者马端临所撰《文献通考》卷三一三《物异·十九》篇记载："宋真宗景德元年（公元1004年）五月，白州有三凤，自南来入城中，群禽周绕，至万岁寺前栖百尺木龙树，身长九尺，高五尺，其文五色，冠如金杯。"[①] 时间上与之并列的辽国与金国也有关于凤凰的记载，"辽天祚帝乾统四年（公元1104年——笔者注）十月乙酉，凤凰见于漷阴"，"金章宗泰和二年（公元1202年——笔者注）秋八月丙申，凤凰见于磁州武安县鼓山石圣台。冬十月甲申，以凤凰见，诏中外"[②]。漷阴在今天北京通州东南，武安在河北涉县，可见在宋代，两广与河北是凤凰的多发地。金章宗仅以凤凰见而昭告天下，动作是不是有点过大？翻阅史料，才知道这次凤凰降临非同小可，记载于《癸辛杂识》《文海披沙》等文人笔记中。在所有关于凤凰的记载中，它实在堪称最惊人的一次。笔者将这一事件留在后文第二章第三节"江湖之远：才性与灵异之美"中探讨，此处暂不详谈。

①马端临：《文献通考》，中华书局，1986。

②两则引文分别来自《辽史》和《金史》。

元明清三代进入了凤凰的消沉期，六七百年间，凤凰现身的记录寥寥无几。但在不多的记录中，元代史书的记载却异常生动："至正十一年，广西庆远府有异禽双飞，见于述昆乡，飞鸟千百随之，盖凤凰云。其一飞去，其一留止者，为僮人射死，首长尺许，毛羽五色，有藏之以献于帅府者，久而其色鲜明如生云。五月，兴国有大鸟百余，飞至郡西白朗山颠，状如人立，去而复至者数次。十九年，京师鸱鸮夜鸣达旦，连月乃止，有杜鹃啼于城中，居庸关亦如之。二十七年三月丁丑朔，莱州招远县大社里黑风大起，有大鸟自南飞至，其色苍白，展翅如席，状类鹤，俄顷飞去，遗下粟、黍、稻、麦、黄黑豆、荞麦于张家屋上，约数升许，是岁大稔。”[1]这段文字中提供了几个值得注意的信息：一是，凤凰飞行时有群鸟伴随；二是，凤凰体量较大，首长尺许，这里的“首”可能指从头至颈的长度，也可能指凤喙加头部的长度；三是，羽毛五色，死而不腐；四是，出现在莱州招远县的白色大鸟如果是凤属的话，应该是白鹄一类，以遗留谷物的方式预示丰收，这是过去记载中没有过的。明代的凤凰降临事件发生在熹宗时期：“明熹宗天启二年九月，凤凰至河南禹州，身长丈余，百鸟相从，不计其数。内有鸟如马之大，本处官以面饭设祭，隔三里之遥，住七日去。蹦死之鸟，不计其数，地上榛松梧子，厚尺余。”[2]这次事件声势浩大，轰动一方，以至于地方官出面设祭。祭祀地点离事发地三里远，一方面是对灵禽可能具有的超自然力的畏惧，另一方面也是为世俗权力的尊严考虑，二者冲撞，必难收场。三里，可以看作神权和皇权之间的分寸感。

从历史记载上看，凤凰降临事件的主角多是五色凤，白凤现身的次数不多，继上述元代的疑似白凤记录之后，清代康熙年间的凤凰事件中再次出现了罕见的白凤。“湖州城东金婆楼侧迎真道观，有黄鹰甚巨，叠巢树顶，栖息久安。康熙甲子秋，不知何来双白鸟，比翼翱翔，据其巢而抚其卵，鹰不敢与争。薄暮凡城之内鸟雀等类，皆止宿其傍，亦不闻有嘤鸣上下者，宰牧咸为惊异，戒施网弋。里人环睹，童稚声张，鸟俯视无惧意。无何飞去，不知栖所，说者谓为‘白凤’云。”[3]据其巢而抚其卵，既似王者，亦存仁义，至少在气质上比较接近人们所了解的凤凰；群鸟依傍，肃穆有序，仿佛习得了社会等级观念和秩序意识，这在传统社会里显然带有正能量的意味而令有司和权贵所喜闻乐见了。

①宋濂：《元史》，中华书局，1976，第1101—1102页。

②赵吉士：《寄园寄所寄》，黄山书社，2008，第308—309页。

③赵吉士：《寄园寄所寄》，黄山书社，2008，第321页。

雍正年间的凤凰降临事件，是凤凰历史的终章，从此凤凰绝迹人间，至今已近三百年。凤凰的消失，给人们留下无尽的惋惜和余味。雍正八年（公元1730年），皇帝接连得到大臣关于凤凰现身的奏报，做出了正式的批复，记载如下：“署直隶总督唐执玉疏报：正月二十日，凤凰见于房山县石梯沟山峰，得旨。朕素不言祥瑞。屡降谕旨甚明。上年，据散秩大臣尚崇廙奏称，天台山民李万良等呈报：十一月十三日黎明，见山中有一神鸟，高五六尺，毛羽如锦，五色俱备；所立处群鸟环绕、北向飞鸣等语。朕以边地居民所见，事属渺茫，将所奏发还，未曾宣示廷臣。昨据总理石道事务散秩大臣常明、侍郎宗室普太奏称，石工监督司官田周呈报：正月二十日，在房山县石梯沟山中，见瑞凤集于峰顶，五色俱备，文采灿然；工匠樵牧居民人等约千有余人，莫不共见。又据总兵官管承泽、及顺天府府尹孙嘉淦等所奏，亦皆相同。朕亦俱未宣示廷臣。可以知朕心矣。今据总督唐执玉缮本具奏，朕思古称凤鸟，乃王者之嘉祥。朕抚躬自问，功德凉薄，不足以致凤仪之上瑞。此事犹疑而未信也。”[①] 雍正八年正月的批复，所关涉的大臣上奏的折子有的是在雍正七年，有的在当年。雍正批奏折是出了名的不厌其烦，在这段批复里，雍正反复剖白自己的心迹，想说明的意思却只有一个：尽管事实确凿、人证俱在，朕还是不肯信的；尔等既要看到此事并非捕风捉影，也要看到朕是这样谦抑的汉子。事后，雍正就批准在房山修建凤凰亭，且挪用了当时兴修水利的专款。而奏报凤凰祥瑞的常明、田周正是负责水利工程的官员，他们借修建凤凰亭既取悦于雍正，又补上他们在水利工程贪污、渎职十万钱亏空。这一点在《房山县志》中有记载。

①《清实录》第八册，中华书局，1985，第216页。

凤凰在古人心目中就是一种远古传说中的动物，它地域邈远，渊源古老，人们神往它的灵异和神性，并伴随着对异域的空间想象。异域与人隔着无法言说的审美距离，人不可达，而凤可至。凤凰渺茫但不是全然虚无，世间偶尔可以瞥见它飞过的痕迹。因此数千年来，它的传说并未终结，而是始终保有对当下的开放性，成为人们心中并不全然渺茫的希冀。人们期盼着凤凰的到来，带来超验的真实、允诺的祈福和显现的彼岸，但这种期盼，毫不意外地被捆绑于世俗权力的罗网中。纵观中国古代史书中的凤凰记录，它们经常与国家政治生活中那些想象性的新时局相伴生，发生于一些据说重大的历史关头。凤凰五色成文，光彩夺目，主要任务是为站在政治舞台C位的人物追光伴舞；在清平时期，凤凰的作用是引导“身在福中不知福”的懵懂百姓感恩戴德，对当下境遇进行肯定性的再体验，以便塑造自己的幸福感和满足感。正史里的凤凰，则是历史叙事的一种政治修辞，在权力史观下的历史分期中，起到了过渡性桥段的作用，虽然这桥段经常显得生硬造作，处处流露斧凿痕迹，但修史者并不在意。史书中的凤凰遮蔽了自然界的凤凰，为这种可能现实存在的鸟嫁接了人为的深度模式，使它的出现成为富于神性色彩的政治隐喻。这种被政治和权谋嫁接而成的深度也增加了凤凰的负担，使它们总是拖着意味深长的意识形态的尾羽，不能自由飞翔于历史的时空之中，人们热衷于探究它的来由，拒斥其偶然性，甚至不能容忍一只没有背负着预兆的凤凰。可以说，凤凰之美不仅呈现于它的形貌、体态、色彩和风度，更在于它的稀缺和特立独行带来的灵异感，更为重要的是，这一切关乎美的特性都被以颂圣、谢恩和自我感动为目的的政治美学所收编，从此，凤凰与天命、君主和太平盛世须臾不可分离；一旦消解了政治和神性的深度，凤凰无非是一只大号的孔雀，只能沦为民间的窗花与剪纸，坍缩成抽象的符号形式，去表达语焉不详的“吉祥”意味了。

第二章

凤迹：湮灭的灵异

对史书中凤凰记载的梳理，大致勾勒出了凤凰在古人心目中的样子，但仍然不能解答“凤凰是否存在”的问题。因为，正如马克思所说的，人们不仅能“想象一个真实的东西”，还能“真实地想象一个东西”，观念性的存在不足为凭。对于现代知识系统来说，实物证据才是硬道理。但迄今为止，尚无任何凤凰活体或化石被发现，我们关于凤凰的任何知识性探讨，也就只能在“据说”这个发语词之后展开。从思维规律来说，想象必有所本，观念中的物象变体，最初皆源于熟悉之物。因此凤凰被现代知识阐释为综合了其他动物特点的一种神话的存在，是初民的想象和愿望的集合体。凤凰的存在未被证实，然而从审美的角度来说，这种介乎存在与不存在之间的犹疑却带来一种莫可名状的玄虚之美。众多的凤凰意象相互支撑、相互印证又相互矛盾、相互否定，使凤凰的总体形象陷于飘忽不定的状态。一种不可见的美，世上所有关于它的造型都不过是对它的隐喻，如同语言能指符号指向一个隐匿的在场，却无法描述它。它的神秘和不确定性，与审美观照中那种凝神冥想却不求甚解的状态合拍。它是包含很多思想却不指向任何一种明确思想的东西，比现实之物抽象，比物质之光稀薄，但它存身于无限所包含的可能性中，是远古神话世界的余音和未来渺茫的一线希望。

人们总是用熟悉的事物来比拟陌生、想象之物，而不是相反；但即便是想象之物，在一种生活形态中也会随着时间成为公共文化符号，拥有了为人熟知的特征和意涵。自古不乏用凤凰充当喻体的例子。如銮铃，是流行于春秋时期的车马装饰，“銮”亦作“鸾”，《中华古今注》解释为：

> 銮者，所谓和銮也。《礼》云：“行前朱雀。”或谓朱鸟也。銮辂衡上金爵者，朱鸟口衔铃，铃谓之銮，所谓和銮者也。前有鸾鸟，故谓鸾，鸾口衔铃，故谓之銮铃。或谓为鸾，或谓为銮，事一而异义也。[①]

①马缟：《中华古今注》，中华书局，1985，第12页。

《诗经·鲁颂·泮水》一诗有“其旂茷茷，鸾声哕哕”之语，形容銮铃的声音类似凤凰飞舞。这一解释的根据是《诗经·大雅·卷阿》中的“凤凰于飞，翙翙其羽”的描述。可以推测，“翙翙（哕哕）”是当时人们对凤凰飞舞时声音的基本认识，用它来形容銮铃声，必然是基于两者的相似。从喻体和本体的关系来看，凤舞声是比銮铃声更为基本的常识性知识。

虽然学术界主流观点倾向于否定凤凰的存在，但甲骨文、金文的记载表明，直到商周之际，凤凰虽然稀见，但确实还是存在的。在甲骨文和金文中，“凤”与“风”通。殷墟出土的一片甲骨上有“甲寅卜，呼鸣网雉，获凤。丙辰，获五”的记录。学者于省吾在《甲骨文字释林》中解释道：“由于系用网捕之，故所获自是生凤。”[②] 早期金文《中鼎》铭辞中有：“……归生凤于王。”文中所提到的“生凤”一词，郭沫若曾断定指活凤凰。关于凤凰的“知识”似乎总把人们引向它的原生性和自足性，让人觉得它的存在不是他物的拼凑和杂糅，而是圆满

②于省吾：《甲骨文字释林》，商务印书馆，1979，第324页。

和自在的，虽然人们对它知之不多。这种感受是审美性的，饱含着人们对神奇事物的向往，类似对乌托邦世界的憧憬。如果抛开实证的态度而专注于体验，阅读古代关于凤凰的记载，有时常会感到真实的气息从字缝中弥散，它是来自日常生活的那种无须求证的当然，那种奠基于一切观念底部的常识感。它们不是吁请认同的叙事，而是带着超然于怀疑和自我怀疑之外的态度，常识本来就是一切认同的前提。它们就是在常识的基础上展开讲述，既默认了对方的认同，也默认了自己的诚实。

第一节　文物：史前与上古凤凰

“史前时期”是指人类社会的文字产生以前的历史时期，这是一个极为漫长的时期，占据了整个人类历史的99%以上。据说在旧石器时代晚期（距今4万年到1万年之间），人类的祖先——晚期智人——在脑容量、体质特征、语言能力方面与现代人已经相差无几，能在石头、陶土和牙、角、骨器上刻画图案或制作雕塑，目前在欧洲、亚洲和澳大利亚均已发现大量该时期文物，涵盖内容既有较为写实的人物、动植物、天象，也有较为抽象的由点、线组成的图案，这意味着旧石器时代晚期的原始人类已经开始自觉使用符号、记号、图案来表达他们的思想感情和文化创造了，文字的雏形也开始在这些符号图案基础上孕育。“上古”则是一个定义不一的概念，此处根据目前最高史学权威著作《中国通史》的划分，上古和中古史的划分是以秦为界的，即以自有文字记载以来的先秦时代为上古。

已知世界、凡俗事物已不能使人们日益活跃的心智餍足，而奇异罕见的现象易与想象力合谋，与超越日常生活的主观意志同步。凤凰在原始文化中的大量出现，就意味着人们的精神生活已经挣脱了粗陋的当下物质欲望，去向往奇异和未知的理想。凤凰可能是出于想象，或者出于对现实动物的拼接，但对于在时间和空间上相隔甚远的不同原始部落而言，在交通困难和信息隔绝的条件下，想象或拼接出造型近似的一种动物是几乎不可能的，这种虚构的动物应该有一个或几个共同的母本——这已经接近于肯定该动物的实际存在了。

2004年，湖南省洪江市的高庙文化遗址中，出土了一件白色陶盘，陶盘的颈部和肩部，有两只飞翔的神鸟凤凰，一正面，一侧面，姿态雄健。它们具有神话传说中凤凰的鲜明特征：有冠，有长喙、长颈，有漂亮的长尾。

根据对出土文物的碳14测定，高庙文化距今约有7400年（一说7800年）之久。遥想高庙文化所处的年代，当时的人们是出于何种需要，才会去虚构一种现实中不存在的鸟用以吻合理想愿望，而不是把已知的鸟类直接作为描绘的对象？从何时起，“表现真实的某物”被“真实地表现某物”所代替，人们开始在古老的岩画中构造现实中不存在的东西，他们的心智发生了怎样的变化？而此处，真正的问题是：我们如何断定白陶上的凤凰是虚构而不是写实？

有学者指出，

> 高庙文化最初出现的八角星纹以及獠牙兽面、鸟载太阳等图像，在较晚时期逐步流行于长江中下游地区及黄河流域，甚至更远的地区。……浙江河姆渡文化、良渚文化和陕西泉护村仰韶文化遗存中所见到的鸟与太阳或鸟与兽面的复合图像，都与高庙遗址发现者类似。[①]

①湖南省文物考古研究所：《湖南洪江市高庙新石器时代遗址》，《考古》2006年第7期。

在浙江余姚的河姆渡文化中，也出现了有类似凤凰造型的器物：“双鸟朝阳纹象牙碟形器”。该器物两侧各有展翅欲飞的鸟形图案，圆眼，钩喙，伸颈昂首相望，簇拥着太阳，学者一般将其认定为凤鸟。这就是“河姆渡凤凰”。据今天所知，它晚于高庙文化约 400 年—800 年。

1986 年在湖南省长沙县发掘的南托遗址，其生活的年代也稍晚于高庙文化，仍处于新石器时代晚期。在遗址中发现的白陶彩绘鸟纹双耳罐上，刻画有精美的凤纹，虽然罐体残损，但从图案中的鸟喙、长尾的形状来看，与人们所知的凤的形象相符，有较高的辨识度。史前凤纹也有抽象化的图案，如甘肃马家窑文化遗址彩陶凤纹，凤凰形象冠、羽、尾俱备，但做了抽象化处理，形象简约朴拙，显示出图腾崇拜的观念性和符号化特点。

再如，1955 年在湖北省天门县的石家河文化遗址中出土的凤形玉佩，凤鸟首尾相接呈环形，直径 4.7 厘米、厚 0.6 厘米～0.7 厘米。两面镂空透雕相同的纹饰。凤圆眼、尖喙，长长的头羽往后飘拂；双翅较短，长花尾分为两叉，尾端上翘与凤首相接。此凤造型优美，风格上兼具写实与夸张变形的特点，呈现了凤鸟优雅的姿态和生动的细节。它们似乎都以高庙文化的凤鸟为模本，或者它们（包括高庙文化）之间有一个共享的模本。

高庙陶盘

河姆渡双鸟朝阳纹象牙碟形器

同属石家河文化的湖南省澧县孙家岗遗址出土的另一枚玉凤，采取了抽象化的造型。该玉凤为乳白色，经过了细致的表面处理，通体光滑，雕刻工艺采用镂空片状透雕技术，凤鸟造型为头顶羽状冠饰，曲颈长喙，展翅卷尾，凤身两面均有细刻画线条作辅助装饰。

按照学术界的看法，凤凰起源于原始的太阳崇拜和鸟崇拜，《山海经》和《淮南子》中提到日中有三足踆乌，以及四川省成都市金沙“太阳神鸟”金饰，都视太阳为金乌化身，而凤凰就是上述观念长期演化的结果。我们可以做出的推测之一，是各地区的相关图案是以高庙文化（或某个迄今未知的更古老的文化）为源头的。高庙文化中以獠牙兽、凤鸟、太阳、八角星等装饰图像为代表的神灵信仰观念，可能对周邻地区甚至更大范围内的古代文化产生过深远的影响。但我们或许可以做出第二种推测：这些不同地域、不同年代的原始部落成员，是以现实中的动物为原型的——这一解释，比把凤凰图案出现在不同时间地域的原因委之于文化的传播，更具直接性。毕竟，两种时差久远且空间遥远的文化，假设它们相互隔绝，或假设它们有所沟通，在合理性上不分伯仲，但由此开启的叙事逻辑是截然不同的。

长沙南托遗址“白陶彩绘鸟纹双耳罐”

甘肃马家窑彩陶凤纹

天门石家河遗址“团凤”

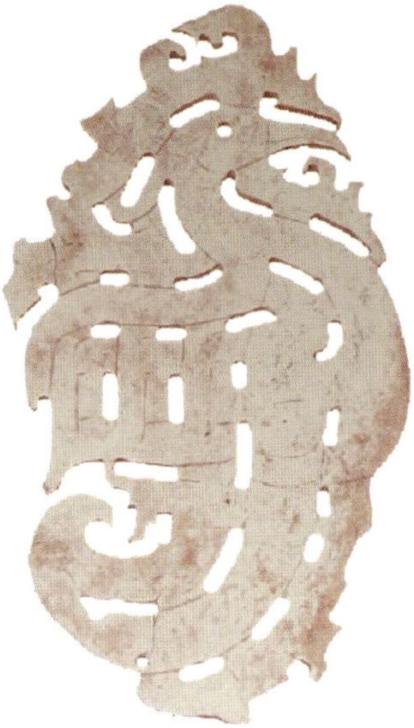

澧县孙家岗玉凤

商代的妇好玉凤（又称“商玉凤佩”），是展现凤凰形象的一件重要的上古器物，1976年，该器物出土于河南省安阳市殷墟妇好墓。殷墟妇好墓出土的众多随葬玉器中，妇好玉凤极具代表性，它线条流畅、风韵迷人、侧身回首、转顾生姿，是不可多得的艺术珍品和历史文物。其尖喙、头冠和较短的双翼、分岔的尾羽以及身体姿态，与河姆渡的双鸟朝阳图有不少相似的地方；再对照一下石家河遗址的“凤形玉佩”更不难发现，如果排除了艺术变形的因素，它与妇好玉凤如出一辙，两者在细节上的相似度高得惊人。在史前时期和上古时代，是什么因素保证了一种虚拟动物的形象在千年中基本不变？图腾崇拜和制作技艺的传承是一种解释，即崇拜物的制作标准和固定的制作工艺保证了凤凰形象的定型化，技术在阶级国家出现以前充当了法度的功能。但我们还可以暂不否定另一种可能性：该动物本来就不是虚拟的，玉雕作品直接取材于现实。商代的图腾，无论史书还是甲骨文中都有很多传说和记载，其内容大都与玄鸟生商有关。玄鸟是古代中国神话传说中的神鸟，与凤凰概念的产生有千丝万缕的联系。石家河的凤形玉佩和妇好玉凤的造型，已经具有了后世凤凰图案的基本特征，在凤凰的历史上有定型的意义。尖喙、凤冠、长尾，让人们一眼看去不会错认为他物。“甲寅卜，呼鸣网雉，获凤。丙辰，获五。”[①] 从商代的甲骨文记载来看，凤凰是一种虽然罕见但也并不会引起太多惊奇的动物，一次张网就能“获五”，可见它虽然灵异，但并非千载难逢的奇迹。

①于省吾：《甲骨文字释林》，中华书局，1979，第324页。

2001年出土于四川省成都市金沙遗址的“太阳神鸟”金饰，属商代晚期作品，金饰呈圆环形状，有复杂严整的镂空图案，分内外两层，内层为周围等距分布有十二条旋转的齿状光芒；外层图案围绕着内层图案，由四只相同的朝逆时针飞行的鸟组成。四只鸟首足前后相接，朝同一方向飞行，与内层旋涡

妇好玉凤

旋转方向相反。经分析得知，其含金量高达94.2%，可见此物地位的尊贵，它可能是古蜀人祭祀用的神器；十二齿芒象征着十二个月，外层飞行的神鸟和内层旋转着的太阳，似乎传达出“太阳的运动由鸟驮而行”的观念；“太阳神鸟”所反映的鸟崇拜，是三星堆文化中古蜀人的鸟图腾崇拜的继承和发展，该金饰表现的应该是古蜀人对太阳神鸟和太阳神的崇拜。

值得思考的问题是：与湖南省澧县孙家岗玉凤一样，该金饰对何物进行了抽象处理？一个模糊的观念，还是一个不定型的心理意象？或者，仅仅是对某种平常鸟类的变形？抽象物总是对具象物的抽象。从神鸟造型的夸张程度来看，它应该有一个为当时人们所熟悉的原物为底本，才能在仅仅保留最基本特征的造型中呈现可辨识的成分，使人一眼就能认出它想要表达的东西。这个底本或者是现实中存在的动物，或者是人们对其外观有着一致认识的虚拟动物。从这个意义上讲，为了准确地

金沙遗址的“太阳神鸟”金饰

传达某种意涵，作品抽象的程度越高，人们对原物的熟识度也应该越高。无论这具象是人们直接取自自然界来匹配观念，还是人为创造了一个形象来契合理想，该具象都应该具有了相对确定的外观。在图腾物中具备了基本外观的动物形象，愈抽象化则实指性愈稀薄，其文化意蕴就愈凸显。

按照德国美学家 W. 沃林格的看法，原始绘画与呈现为三度空间的西方传统绘画不同，它们几乎全都表现为二维平面，由简单的线条和纯粹的几何图形构成，它们表现的是一个抽象的世界。沃林格的意思是说，从古希腊到 19 世纪的西方绘画都以“移情”为基本的审美方式，这一审美方式重视空间深度，表现了人们为了寻求愉快而将自身沉潜于外物的倾向。对三度空间，“移情”者是亲近和信赖的。如果说移情基于人的空间信赖，那么，抽象就基于人的空间恐惧。原始人面对的是一个变幻无常令人恐惧的世界。在这个世界上，事物是常变的、偶然的、令人不安的。与之相应，这个世界中的人内心充满了迷惘。迷惘的主体欲获得安宁，就对世界采取一种抽象态度。混沌而变化的世界通过抽象，转为无机世界而达到确定，变动不居的单个事物也通过抽象而达到永恒。沃林格的观点有其不周延之处，如把原始绘画的审美态度归结为抽象，显然以偏概全。例如，西班牙阿尔塔米拉洞穴里的原始壁画就不能用抽象来概括，尽管那些色彩鲜艳的野牛图案有平面化的特点，但不难看出原始人试图表现出三度空间的纵深感，只是相关技巧和手段受到限制。图腾物是用来崇拜的，它向人们指示必然性、安定和永恒的东西，其演化过程应该是不断趋于抽象从而使观念内容凸显出来；它并不适合被置于相反的进程中，从一个与观念匹配的简单外形发展为细节丰满的形象。亲近感不是图腾所追求的效果。从石家河的凤形玉佩和妇好玉凤的造型中，我们看到的不是观念的抽象和对图腾物的敬畏感，而是生活化的美感和对自然的亲近，是降身为人间幸福和阶级高贵性的神圣隐喻。

可以推断，“太阳神鸟”金饰中的神鸟造型是由某种确定的“神鸟”形象抽象而来，从其喙、冠、爪以及飞行动势来看，与我们今天所知的凤凰神似；其主题与前述河姆渡文化的“双鸟朝阳”也非常相近，甚至可以将“太阳神鸟”与“双鸟朝阳”看作同一主题的不同变体。这也似乎在表明，从新石器时代到上古时代的华夏多个地域的文化，对凤凰有着大致相近的认知，这在迁徙不便、信息闭塞的时代，完全归因于文化的同源性或传播性，似乎值得商榷。令人惊讶的是，远离上述原始文化遗址的蒙古草原地区也出土过凤形器物，如 2003 年内蒙古赤峰市翁牛特旗出土的凤型陶杯，距今有七千多年之久，属于红山的赵宝沟文化类型。陶杯呈长圆形，凤鸟造型昂首、长喙、高冠飘逸耸立，头、冠、翅和尾的造型与中华传统的“凤”极为接近，据专家的说法“已经将凤的特征完全显现”。

在史前时期，凤凰的外观形态和文化意味已相对明确，在分布甚广的地域中，凤凰都呈现出近似的面貌。关于凤凰的神话、传说、信仰和崇拜是否能支撑起如此巨大空间和漫长时间

内蒙古凤型陶杯

中的认知趋同性，是一个不易定论的问题。远古时期的人们关于凤凰的知识，显得丰富而一致，这不像从抽象观念出发添加细节的结果，也不像由多个母本拼合的产物，它总是保有独特形态带来的独特气质，该气质的自在性带给人的感受，似乎既不属于文化，也不属于原始想象。我们虽无法证明凤凰是一种现实存在的动物，但在理论上也未能排除这种可能性，即一种罕见而并非虚构的动物，因其形态与习性不同寻常，而与初民日常生活中的某种超越性理想相契合。当时的人们信其有，崇其神，记其事，画其形；如果这不是“凤凰存在”的证据，它至少也不是“凤凰不存在”的证据。当我们对知识抱有“范式”意识的时候，即等于承认当前知识具有可错性，任何对结论的预设都会成为一种范式性的独断。因此，在我们跳出对当前知识的笃信从而不再预设结论的情形下，文本所传达的“凤凰存在”的观念便是一个更符合剃刀原则的、更为简洁和直接的认识，它是大量史料文献的基本逻辑，以这个认识为起点去解释史料中的可疑、悖谬之处，与在预设“凤凰不存在”的前提下对史料进行驳斥性的审视相比，前者不仅开启了新的思路，而且是更为中立和客观的立场——它所持的初始态度试图清除当前知识的独断，让旧有的知识范式重获说话的权利，使凤凰在其原有的知识系统中的合理性显现出来。从而隐含着对“凤凰存在”这一主张的辩护和无罪推定。

第二节　艺术中的凤凰：线条的解放与造型的世俗化

在没有实物证据的情况下，我们只能从历代文物和艺术品中一窥凤凰的形貌。从已知最早的凤凰造型出现至今的七千多年中，凤凰的形态一直在发生变化。这种变化不是线性和整齐划一的，而是往往在同一时期有多种风格并存。如在距今四五千年的石家河文化遗址中，就既有兼具写实抒情风格的凤形玉佩，又有抽象风格的透雕玉凤。不同艺术风格的凤凰造型，显示的是人对凤凰的不同态度：如果说抽象意味着一种简化现实以便加以把握掌控的愿望，从而凸显强力意志和崇高感的话，写实和抒情就是对现实空间的信赖、亲近和包容，表达着对世界上现存事物的盎然兴趣。艺术所持的立场，无外乎对现实的认同或不认同，亲近或拒斥，挣脱或占有；这一切都隐藏在艺术形式的轮廓、纹理和动势中。从先秦到明清，凤凰的形象从抽象、质朴、神圣性到华贵、生动、平民化，其存在被遗忘于传说，其灵性被稀释于生活，其祥瑞被同化于喜气洋洋的民间气息。凤凰被制成年画和剪纸，发挥着寒暄和口彩的功能，在表达富贵、吉祥、美好、和谐等意味的场合中到处张贴。

殷商崇凤，凤凰图案在青铜器上大量出现，多见于鼎、簋、尊、卣、爵、觯、觥、彝、壶等器物。在殷商器物纹样造型上，凤凰的形象庄严诡异，威仪肃穆，显示了奴隶制的殷商统治者偏爱神秘恐怖、凶狠残暴并借以吓人的特点。商代凤纹图案多为侧面图案，短尾、长翎，姿态前视或回首，常常对称分布在饕餮纹的两侧，凤鸟类型以夔凤为主。何为夔凤？据《山海经·大荒东经》载："东海中有流波山，入海七千里，其上有兽，状如牛，苍身而无角，一足，出入水则必风雨，其光如日月，其声如雷，其名曰夔。"又见《说文解字》："夔，神魅也，如龙，一足。"古史关于夔的描述，还有黄帝大战蚩尤时"玄女为帝制夔牛皮鼓八十面，一震五百里，连震三千八百里"的传说，可知夔是指古代的一种异兽，"一足"是其最突出的特征。但据《吕氏春秋·察传》解释："鲁哀公问于孔子曰：'乐正夔，一足，信乎？'孔子曰：'昔者舜欲以乐传教于天下，乃令重黎举夔于草莽之中而进之，舜以为乐正。夔于是正六律，和五声，以通八风，而天下大服。重黎又欲益求人，舜曰：'……若夔者一而足矣。'故曰夔一足，非一足也。'"[1]在这里，夔又是帝尧的贤臣名夔，并非只有一足，而是说这样的贤臣有一个就足够了。这些描述含糊混乱，不得要领，既然如牛如龙，为何又与凤搭上关系，难以索解。

①《吕氏春秋》，张双棣等译注，中华书局，2007，第229页。

笔者推测，所谓"夔凤"，是将"一足"的特征与凤鸟的形态相拼合，创造出了单脚凤凰的造型。实际上在造型艺术中，"一足"更可能的原因是侧视效果。某些古人面对运用了透视技术的平面造型，也许缺少脑补的自觉意识，因而无法产生立体的视觉印象，以讹传讹，乃生"夔凤"。

商代的凤凰图案，在自定的规则中崇高伟大，却与日常生活中自然生发的美感不相干。

凤鸣岐山，未几，商亡。周代统治者吸取了殷商王朝"率民以事神，先鬼而后礼"以致骤然而亡的教训，一改殷商尊神事鬼的神权统治和定于一尊的王权统治，重视"聿修阙德"，奉行"天道靡常"的哲学观和"敬天保民"的开明政治，形成了政治权力和文化的多元格局，以《周易》为代表的官方哲学主张天道变动不居，在思想、制度和文化方面开启了巨大的变

商晚期青铜父乙觥

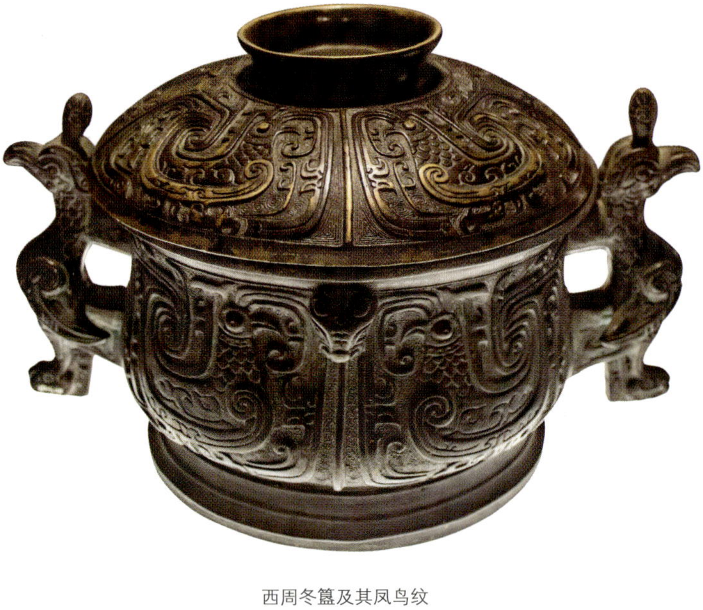

西周冬簋及其凤鸟纹

革。重民事、淡化神事的治国理念促成了“皇天无亲、惟德是辅”的崇德思想，造就了“用保乂民”、以民为本的时代风气，与殷商之世构成强烈对比。周代统治者相信，罔顾民意而一味敬神拜鬼无济于事，有德而祭受其福，无德而祭神不享。因此周朝统治者强调自身的道德修养，如周公要求子孙知稼穑之艰难，居高位当知小人之依，不可盘于游田、酗于酒德，不可乱罚无罪，滥杀无辜。在神权观念上，周代打破了殷商政权把持祭祀权力的格局，将其分封至大小各级嫡长子，这就动摇了商代民神不杂、绝地天通的状态。春秋时期，民间普及了祭祀权，神权由垄断而变为民间化和个体化状态，个体与神鬼的沟通得到允可。这具有强烈的个体解放意义，标志着民众地位的提升，促进了思想和个性的自由张扬。其重德保民的思想也为孔子所继承，并随着儒家的发展成为中国传统文化中重要的思想资源和基本的政治伦理。

凤凰对周朝而言意义非凡，《竹书纪年》记载：“文王梦日月著其身，又鹫鹭鸣于岐山。”据《说文解字》解释：“鹫鹭，凤属，神鸟也。”因此，凤凰被视为上天的嘉许以及周朝将兴的吉兆，凤凰在周代受到格外的尊崇，但它的图腾意义已经近乎消失，其形象大量出现在玉器、青铜器等礼器上。

周代的凤鸟纹风格自由活泼，充满生趣，多为环形线或回纹线，造型萌态可掬，稚拙喜人。凤鸟常昂首展翅，凤尾飘逸，扬喙似鸣，展翎如舞，周边常常饰以变形卷云纹，线条婉转流畅，或如生命的律动和心灵的奔放，精神和思想的解放，带来了艺术才能的勃发和艺术想象力的升华。周代的凤凰并不张扬威势以将人慑服，而是拥有了道德情感的力量，可敬、可亲、可爱，尊贵中洋溢着轻快的美感和浓厚的人间气息，在那里不难窥见后世凤凰的基本品格，它是王权的象征，又是人人可以分享的祥瑞，以五色成文的华美将人心汇拢，凝聚于对天

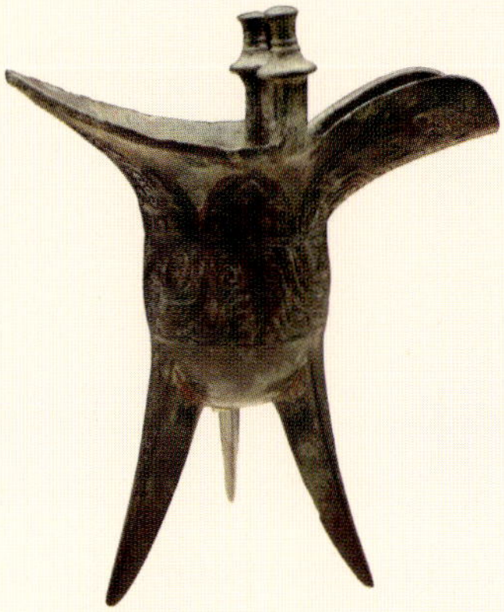

西周凤鸟纹爵

西周凤纹尊

意和人间福祉的认同。嘉许清明之治，昭示圣人之德，凤凰树立了道德标杆，在神与人、此岸与彼岸、权力和民众之间架设了一座情感沟通的桥梁，将天下民众引导上一条敬天修己、信实向善之途。作为祥瑞灵禽的凤凰，实自周始。

周平王东迁之后，周王室风雨飘摇，各地诸侯开始相继崛起，彼此攻伐兼并。春秋战国是“礼崩乐坏”的时期，中央王权的衰微带来社会动荡，但思想文化的进一步解放，同时奴隶制的解体为生产力松绑，艺术的繁荣获得了物质和精神的双重推动力。新的艺术形式和艺术载体不断涌现，凤鸟造型除了出现于青铜器和玉器上面之外，还现身于漆器和丝织品之中，其造型风格和文化意涵也有新的表现。这一时期具有代表性的凤凰艺术品是战国时期楚国的龙凤人物帛画和虎座凤架鼓。

楚人崇凤。在出土的楚地日用品和祭葬礼器中，有大量的凤鸟造型和带有凤纹装饰的器物。人物龙凤帛画于 1949 年出土于湖南长沙陈家大山楚墓。画中右下方有一位侧身而立的妇女，阔袖长裙，双手合十像在祈祷。妇人头顶上有一只腾空飞舞的凤鸟，向高天飞升并专注地昂头观望，尾羽飘逸流动。左侧是一条扭动升腾的龙。凤鸟腿足屈伸跨空，劲拔有力，动感强烈，姿态优美。翅膀和尾羽勾画细致，富于装饰性；对足爪的描绘则凸显了瘦硬尖利。凤鸟的剧烈升腾所呈现的飞动之势，观之如有劲风扑面，气息或为之滞，呈现出动人心魄的勃勃生机。楚人信鬼而好祀，帛画的题旨或谓“引魂升天”，或谓“招魂入墓”，凤凰都在充当一个沟通天人两界的接引人角色。彼岸不远，只是有待开启和指引。对人而言，只有死亡才可能开启彼岸的空间，而凤凰可以自由地穿梭于存在与虚无的领域，它既是一个灵体，又拥有物质性的可触摸的实在，双重属性使它成为驻足于尘世又高于尘世的灵禽，似乎掌握着打开不同空间通道的密钥，只要尘世间的道德美善滋生，人便与彼岸的凤凰发生了感应，诚心冥会，一念而至。像是怕沾染了物质的庸俗和沉滞，它只接触世间最高洁的东西：醴泉、竹实、梧桐树，以及圣人、明主和有德君子。

虎座鸟架鼓于 1978 年出土于湖北荆州，是战国时期的乐器，从工艺属性来说属于漆器，黑漆为底，以红、黄、金、蓝四色绘制彩纹，使凤凰的羽毛和卧虎的斑纹色彩绚丽，熠熠生辉，显示出极高的艺术水平和工艺水平。造型以两卧虎为底座，两凤鸟为鼓架。凤鸟背向而立，昂首向天，尾部相连。与踩在脚下的虎相比，凤凰高大轩昂，傲视苍穹，虎则屈身瑟缩，不敢稍动。

这一方面是楚人天性奔放热烈、骄傲任气的表现，另一方面是楚人挣脱思想桎梏、追求生命自由的文化气质在艺术上的表现，造型、用色既富于大胆想象，又驾轻就熟，反映了对凤凰的崇奉、赞美而又不畏惧委顺的精神面貌，包含着对本族文化的自我肯定。楚人崇凤的习俗，是从其远祖拜日尊凤的鸟图腾崇拜传统而来，认为鸾凤是其祖先的使者，因而对凤是高度

战国人物龙凤帛画及其局部

认同而又不见外的。

先秦的凤凰图案主要出现在青铜器、玉器等礼器上面，体现着权力阶级的祭祀和仪式用途，秦汉时期的凤凰造型则多见于画像石、画像砖和瓦当，用于墓室和日常生活装饰。这一时期的凤凰造型风格朴拙雄健，多呈展翅高飞或大步跨越的姿态，显示充沛的生命力和昂扬的气势。如 1975 年出土的云梦睡虎地秦墓漆器上的凤鸟图案、秦汉画像石和瓦当的凤鸟图案等。从风格上看，秦汉凤凰的造型趋于写实，但并不重视细部

战国时期镂空凤纹铜镜

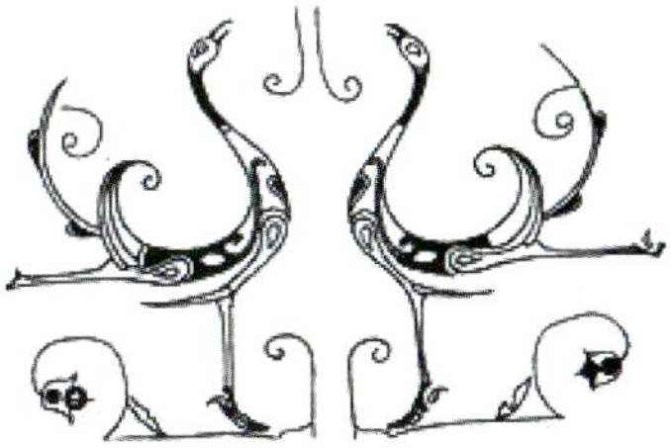

战国凤纹

战国时期虎座鸟架鼓

云梦睡虎地龙凤纹深腹盘

秦代双鱼凤鸟盂

秦代朱雀纹瓦当

刻画，主要着眼于整体效果。在笔者看来，这是一种有程式化倾向的写实，或者说，是写实与抽象的特定比例上的结合。任何一个时代的造型艺术都有抽象和写实的作品并存，抽象总是对特定时代的写实形态的抽象，写实也总是以特定抽象构型为骨架的写实，一个时代的抽象与写实，实际上反映着同一世界观、同一观察方式的不同侧面，它们可以纳入同一个大的知识范式中。

抽象的造型倾向于对世界的静止观照，显示了认识活动中的普遍性冲动，它总是要凸显一般化的类型和定型化的观念，而不是具体情境中的独特的“这个”。当我们说一件抽象的艺术品“造型生动”时，指的是其抽象线条呈现出生动的“力的图式”，这种生动是格式塔意义上的，而不是逼真效果意义上的。秦汉时期的凤凰造像都具有这种生动的特点。这实际上反映出凤凰被观念化的趋势，凸显祥瑞、福祉、尊贵和权威的意义，而不是让它更贴近生活中可见的现象。抽象化的凤凰把人的心境引向某种情绪、情感状态，或试图在人心中铭刻某种意识形态观念，但并不带来静观物象和再现原貌的审美愉悦。凤凰造型随着画像石和瓦当等日常事物，被广泛地接纳到生活之中，但这是一种遥远的接纳，凤凰保持着非现实事物的陌生感，降临世间，提示着现实世界的有限，诱使人超脱于凡俗的生计而对彼岸和异域生出向往。可以说，秦汉的凤凰有出离尘世的特点，它虽无屈尊降贵和拒人千里的傲慢，但毕竟隔着天人之际的帷幕，让人看不清、走不近，人们对它的态度是仰视、尊崇和追随。秦与汉凤凰的雄健风格一脉相承，但略有差别，就是秦代凤凰造型更朴拙、简约并透出野蛮的非人间化气息，有不为尧存、不为桀亡的气质，天然自在，独立不倚；汉代则呈现出对人们观看心理的迎合，少了悍勇的野性，多了一些生活中习见事物的因素，鸡、鹰、鹤、孔雀的一些特征被有意识地掺加进去；还有一点，就是汉代凤凰往往口衔丹珠，不知是试图自注神性还是打算人前献宝，仿佛突然之间有了关于身份意识和社会关系的心思。一颗丹珠，呈示了凤凰神鸟原有的高贵性的堕落，凸显了其对于人的合目的性的迎合，暗示它已被更深地卷入人类的生活，正在按照人的意志被改造。以往“饮食自在”“自歌自舞”的凤凰，正在以人们愿意看到的方式进入人类生活，这固然是世俗生活的影响力超过自然影响力的证明，却也正符合了老子对“失道而后德”的社会发展阶段的寓言，人们心目中的凤凰从天道转移至人道的境界，不再是一种纯粹的自然物，而成为社会现象和文化现象了。

北魏朱尔袭墓盖凤纹

魏晋南北朝至隋唐五代，中国社会虽然经历过数百年大动荡、大分裂时期，但经济文化的迅速发展是主要趋势。这一时期的凤凰形象也随着现实条件的变化发生了演变。受时代精神和文化交流的影响，各种艺术体裁中的凤凰形象日趋丰润饱满、刻画精细、姿态雍容，也经常带有几分佛教造像色彩，出现了结合飞天、伎乐造型的人面凤身图案。如北魏朱尔袭墓盖上的人面凤纹等。

在墓室装饰、日常用具、首饰织品和绘画作品中，凤凰成为大量作品选取的题材，同时，凤凰也成为文人墨客吟咏性情、寄托心迹的常见意象。如果说商周时期的凤凰形象还是在古老的凤凰神话基础上通过风格的塑造彰显时代精神，那么魏晋至隋唐时期的凤凰则是在秦汉凤凰的形象上按照艺术的逻辑、审美的趣味进行随意的润色，用于墓室则威严雄健，用于铜镜则优雅婀娜，凸显宗教意义或主人身份时就赋予其神圣或华贵的意味。生物圈的进化从来不跟随文化精神和艺术风格的演进，演进的只不过是人的审美趣味罢了。造型风格的变化使凤凰形象的实证意义越来越小，近乎消失。艺术家们越是把从未见过的凤凰画得活灵活现、神采奕奕，凤凰就越是离原初的存在更远，它的真实与否已经在问题之外，无人再去关心了，借题发挥以展示艺术虚构的才能，才是艺术家真正在意的事情。因此，凤凰的形象呈现为一种吊诡：它越来越写实，于是就越来越虚幻。

隋唐雍容，宋元清秀。学者徐华铛指出：“宋代凤凰的造型更为写实，尾部翎毛的刻画也更为具体。使凤经历了数千年的发展后和龙一起，双双完成了写实形象的标准定型，奠定了凤凰世俗形象的写实风格。”[1] 一改唐代凤凰雍容丰硕的造型，苗条纤细、清新秀丽是宋代凤凰的特点，同时，固定的文化意

①徐华铛：《凤凰》，中国林业出版社，2015，第28页。

唐代双凤双狮花鸟纹铜镜

唐代双凤纹方镜

唐代立狮宝花纹锦

义也与特定的凤凰姿态造型相对应，“丹凤朝阳”“龙凤呈祥”等图案成为随处可见的文化符号，遍布在日常生活用品（特别是瓷器）上，发挥着吉祥喜庆的功能和装饰效果。宋代的凤凰多为鸡首长尾，锦翎展翅，姿态娴雅，气氛祥和。元代凤凰造型由于少数民族统治者的影响，除了继承宋代“祥和型”特点之外，亦有一类造型勇挚猛壮的“狞厉型”，具备猛禽的特点，算得上是凤凰中的异类。

明清凤凰工整纤巧，精细写实，最突出的一点，就是外观越来越像鸡了，凤头、凤喙、凤足、凤冠，乃至眼神步态，无不具备报晓家禽的特点，只是拖上了华丽的孔雀尾巴。这是对凤凰的世俗化，借来其他物种的细节，成就了传说的生动、神话的逼真。结果是造型活了，凤凰却死了。明清凤凰造型一方

宋代双凤纹八角形瓷枕

元代磁州窑白地黑花赭彩凤纹罐

面是“写实”的，另一方面又是程式化的，有口诀曰：“首如锦鸡，冠似如意，头如藤云，翅似仙鹤。”[①] 口诀的奥秘就在于它能让从未见过凤凰的人“逼真”地画出凤凰，结果是让凤凰的概念就在这种想当然的真实幻觉里扎下根来，逐渐让一种伪再现的形象成为凤凰标准像。这样的凤凰，当然是不存在的。

①徐华铛：《凤凰》，中国林业出版社，2015，第34页。

艺术中凤凰的演变历程，是一个不断远离原初的凤凰形象，向人的欣赏习惯和生活的世俗性靠拢的过程，让神圣和灵异的属性被“吉祥如意”的无聊絮叨所代替。凤凰的原型被扭曲、掩盖直至消失，最终被定格为中国农业社会晚期的艺术趣味所规范的形象。艺术的规则和文化民俗的见解取代了神话的观念，凤凰原有的构成要素（不管它们是什么）被置换掉了，凤凰变成了用艺术的语言和民俗的语言所言说的凤凰，成为被历史上各色文化棱镜所折光拼接的形象，而被这样构造的一个对象，已经包含着对自身真实性的否定。凤凰形象中旧有的含义不断流失，可以识别的日常生活要素不断积累。人与凤凰的关系不再是人与自然的关系，不再包含多少灵异、异域和乌托邦色彩，只剩下符号化的神性和装饰化的形式美，真正变成了人与自己创造的文化习俗的关系。作为一个处在持续更新过程中的无固定特性的对象，凤凰也越来越不被认真对待。其后，凤凰的内涵和形象基本上终止了演化，随着它所属的那个旧知识范式被抛弃了。但是它的各种转义还在生活中持续存在，比它本身的意涵使用得更广泛，在话语活动中也被更多地提及。

清代刺绣龙凤双喜戳纱帘

明代百鸟朝凤图

清代蓝色缠枝莲凤纹
妆花缎匹料

第三节　江湖之远：才性与灵异之美

官方史录塑造了凤凰的政治文化属性，史前和上古遗留的文物指示了凤凰神话的源头，除此之外，凤凰还有其民间的意涵。民间的凤凰形象缺少官方史录的那种严肃性和权威性，却少有用深谋远虑的政治动机来歪曲事实；没有上古凤凰的那种粗朴性和自发性，却还不至于被原始思维带至洪荒之时、乌有之乡。民间言说中的凤凰，不乏对官方说辞的笨拙揣测和人云亦云，其观念的粗鄙、流传的错讹以及各取所需的解释，都使民间的凤凰言说显得混乱芜杂、乏善可陈；但民间又是一个富于包容性的广阔场域，那里没有多少大义凛然的理性教条和森严壁垒的话语禁忌，直观的印象和直接的经验最受信赖，“宁信度无自信”的认知谬误是不会发生的。在日作夜息的辛苦生涯中，各种奇闻异象、方外奇谈是不可或缺的，荒诞不仅被容忍，而且简直是被追逐。咄咄怪事和乖情悖理，早已是民间的一部分。换言之，民间的认知不会像科学认知那样，为了维护知识系统的稳固而去压制异质性的话语、排除挑战性的问题，相反，民间本来就没有系统化的知识和权力化的知识权威，因而也就不加拣择地保留了问题；尽管，它有时也难免为了随心所欲的谈兴而捏造。

民间是一个场域。场域的主体，就是民俗学中的“民”的概念，在广义层面上，它指拥有着某种共同习俗的人群。这一人群保持着实体或非实体的“历史遗留”，如旧时的器物、工具或行为举止、风俗礼仪、神话、谚语和迷信，等等。19世纪的英国人类学家爱德华·泰勒在《原始文化》一书中指出：“当随着时间的流逝，一个种族的境遇发生普遍变革的时候，在已经改变了的社会现实中通常必然会遇到许多这样的事物，很明显，它在新的事态中没有根基，而纯粹是旧事物的遗产。

遗留的稳固性使得能够断言，其中表现着这类残余的人民文化，是下面的某种较古状态的产物，在这种较古状态中，也应该探求对那些已经变得不可解的习俗和观点的理解。”[①] 在群体中，习俗的保持往往不分阶层和等级，但在保持的程度和方式上，则能看出人们在生活方式、权力状况、文化修养和居住地域的差异。在狭义的层面上，民间指的是远离权力中心的平民生活的场域，包括城市和乡村的民众，他们生活在政治权力的底层，其思想意识也没有经过什么学术规范的熏陶多因袭传统和流行的观念，保持着功利和常识下的生活态度。这里使用的“民间”即是在狭义层面上的概念，当然，其外延不特意排斥知识阶层，其观点也不回避与官方意识形态的重叠。

①爱德华·泰勒：《原始文化》，连树生译，广西师范大学出版社，2005，第 57 页。

闻一多曾说：

> 就最早的意义说，龙与凤代表着我们古代民族中最基本的两个单元——夏民族与殷民族，因为在“鲧死，……化为黄龙，是用出禹”和“天命玄鸟（即凤），降而生商”两个神话中，我们依稀看出，龙是原始夏人的图腾，凤是原始殷人的图腾（我说原始夏人和原始殷人，因为历史上夏殷两个朝代，已经离开图腾文化时期很远，而所谓图腾者，乃是远在夏代和殷代以前的夏人和殷人的一种制度兼信仰），因之把龙凤当作我们民族发祥和文化肇端的象征，可说是再恰当没有了。若有人愿意专就这点着眼，而想借“龙凤”二字来提高民族意识和情绪，那倒无可厚非。可惜这层历史社会学的意义在一般中国人心目中并不存在，而“龙凤”给一般人所引起的联想则分明是另一种东西。[②]

②闻一多：《神话与诗》，上海人民出版社，2006，第 58 页。

这段话里，闻一多指出龙和凤分别是古老的夏民族和殷民族的图腾，但不是两个朝代的图腾，因为信仰图腾的年代已经离夏朝和商朝十分久远了。说图腾意识在夏商国家制度中已经消失，不知闻一多的看法根据何在，但如果说夏商的民众只知龙凤神异而不知其图腾意义，倒是非常可能，因为一般说来，民众并不关注崇拜物的来由，鲧化龙、鸟生商，是古老说法，对它们不必问个究竟，只需顺习、从众而行就可以了。李泽厚在《美的历程》中也谈到中国古人意识中的“龙飞凤舞”，认为龙和凤是中国奴隶制门槛前两面光辉的图腾旗帜。将国家制度与图腾意识剥离，是一个有待考证的观点，笔者认为二者的渐行渐远与政权的世俗性上升和巫术地位的日益衰落有关。但可以设想，奴隶制国家发展到某种程度后，其官方意识形态虽不否定但也没有必要继续突出图腾的地位，使得原初的图腾仅仅作为文化符号和集体无意识在民间传统中存续，这个状态倒是非常可能的。

民间意识中的凤凰，是一个集古老迷信、神话传说、传统仪式、奇闻逸事以及官方意识形态乃至文学修辞于一身的复合体，各种要素所占比重随着时代和言说语境的差异彼此消长。民间的思想观念对官方意识形态的迎合与模仿是必然存在的，处处可见官方意识形态中正统的尊卑观念、等级意识和主流价值。英国学者胡司德通过对古代中国神灵观念的研究，发现其中的官方意识形态性：“从现有材料来看，动物与职官的联系照样可见于古代中国的神灵观念中。越来越多的证据显示：战国时期神灵世界具有浓厚的官僚色彩。如夏德安所指出，截至公元前 4 世纪末，冥界已经像个官僚国家，神灵的事处理起来跟人间官僚系统的那些规则和程序没什么两样。”[①] 除了仿照官方观念确立神话中的动物等级，民间还格外注意官方禁忌、避讳等观念。古代统治者独享了龙的称号，因此民间话语中对龙的言说常常有些敏感，有些约定俗成又说不清的禁忌和分寸不能僭越；而凤的语境就宽松许多。其原因如何，难以深究，

①胡司德：《古代中国的动物与灵异》，蓝旭译，江苏人民出版社，2016，第 79 页。

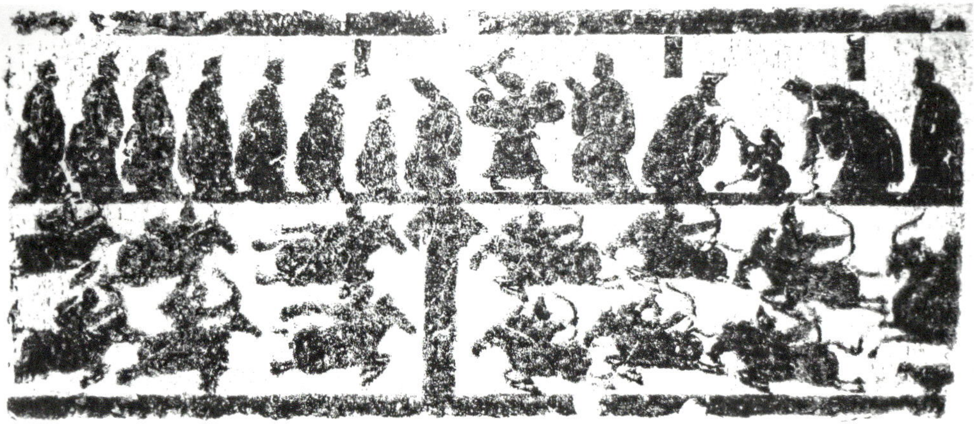

汉代画像孔子见老子拓片

恐怕偶然的因素多一些，事出未必有因，人的生活历史毕竟比任何历史哲学都随意得多。有论者谓，从上古三皇五帝至汉代的历史，就是一部龙与凤的递代史，黄帝崇龙，少皞崇凤，颛顼崇龙，帝喾崇凤，其余尧、舜、夏、商、周、秦、汉依次排序，龙凤轮替，标志着崇龙崇凤的两大集团斗争又妥协融合的过程。据说秦朝崇凤，故嬴政称“始皇”，反对他的人则发明了指代他的暗语“祖龙”，“祖”与“始”、“龙”与“皇”各自相对，以此推出反对派乃是崇龙族之人，用自己族群里称呼最高统治者的词汇“龙”来暗指秦始皇。陈胜乃陈国人，属于崇凤的地区，所以会说出“燕雀安知鸿鹄之志”那样的话；也可见反对秦朝统治者的秦末起义者已经超出了“崇龙”“崇凤”的区分，天下苦秦久矣，故能同仇敌忾。至于汉代，统治者以龙为尊，但为了同化崇凤的族群，故特意宣传凤凰是吉祥的象征。汉代多凤凰出现的记录，实际上是打了一场旷日持久的意识形态宣传战，云云[①]。此说妙趣横生，听起来也言之成理，但事迹无可稽考，所述论据亦渺茫，只可聊备一说。

①王维堤：《龙凤文化》，上海古籍出版社，2000，第167—168页。

我们试图通过传统文化中“以凤喻人”的实例来归纳凤凰的特征，以还原人们心目中的凤凰形象，发掘它可能具有的文化品质。最早以龙凤喻人的事迹不在朝堂，而发生在民间的两位圣哲——老子和孔子——身上。孔子素来不语怪力乱神，但在文学修辞的意义上却是例外。孔子适周，问礼于老子后，对其思想和为人深为叹服，乃至“口张而不能嗋”，叹道：“鸟，吾知其能飞；鱼，吾知其能游；兽，吾知其能走。走者可以为罔，游者可以为纶，飞者可以为矰。至于龙，吾不能知其乘风云而上天。吾今日见老子，其犹龙邪！”[1]鸟、鱼、兽各从其道，却是有限之物，可以从其有限性入手加以把握和利用；龙却是具有神性的近乎无限的存在，体现着道本身，因而以对待有限物的手段面对龙则无从措手。《庄子·天运》篇亦云：“孔子见老聃归，三日不谈。弟子问曰：‘夫子见老聃，亦将何规哉？’孔子曰：‘吾乃今于是乎见龙。龙合而成体，散而成章，乘平云气而养乎阴阳。予口张而不能嗋，予又何规老聃哉！”孔子誉老子为龙，是称赞其思想和人格境界像龙一样深不可测，体现着道的无限性品格。与之相对，老子对孔子也极为赞赏，据《太平御览》所辑古《庄子》佚文载：“老子见孔子从弟子五人，问曰：‘前为谁？’”对曰：“子路，勇且多力；其次子贡为智，曾子为孝，颜回为仁，子张为武！”老子叹曰：“吾闻南方有鸟，名凤。所居积石千里，天为生食，其树名琼，枝高百仞，以璆琳、琅玕为宝。天又为之离珠，一人三豆递起以向琅玕。凤鸟之文，戴圣婴仁，右智左贤。”老子誉孔子为凤，百鸟来归，群贤毕集，贵不可言。此处的龙与凤，都是神异不凡且渺茫罕见之灵物，卓尔不群，气象万千。

此后，很快有人以凤称孔子，应是基于老子评价孔子之语的流传。《论语·微子》中记载：“楚狂接舆歌而过孔子曰：‘凤兮凤兮！何德之衰？往者不可谏，来者犹可追。已而已而！今之从政者殆而！’孔子下，欲与之言。趋而避之，不得与之言。”

[1]《史记·老子韩非列传》。

世危殆而凤不至，知进退也。大道不行，圣人当隐。而孔子不顾时衰，强欲救济，是以接舆讽之，暗指其未效法凤之德行，未免名不副实。但尊重赞赏孔子之心，可谓真切。凤不住世间而知其盛衰，不以挽救时艰为己任，盛世则留，乱世则去，恰有良臣隐士之风范，生命独立之自觉；若知其不可为而为之，则可谓不智，有所不取也。

孔子对凤凰有特殊的感情，《论语》曾记载孔子这样感慨："凤鸟不至，河不出图，吾已矣夫！"之所以有这样的情感，部分的原因是因为孔子是崇凤的商族后裔。"凤鸟不至"当何解？孔安国注曰："圣人受命则凤鸟至、河出图，今天无此瑞。吾已矣夫者，伤不得见也。"[①] 凤凰在舜和周文王时代出现，河图则指上古伏羲氏时代，黄河中有龙马背负八卦图而出；它们都预示圣王出世，天下太平。孔子将凤凰与自己的政治理想联系在一起，使凤凰具有了较为确定的象征意义。其形而上的层面就是圣人之治的政治理念，形而下的层面则是天下太平的生活图景。《礼记·礼运》称："麟凤龟龙，谓之四灵。"麟、龙威严，乌龟寻常，凤凰神异而五彩成文，粲然可观，绝少可畏之仪；既有背书政权合法性之功能，又能带来吉祥安宁之福祉。自专制国家产生以来，神事与民事均由统治者把持，他们设置神职，取消自主，垄断意义的解释权。但借着凤凰的现身，久已隔绝的地天之通，似乎悄然被开启，凤凰是溢出官方神权之外的、人人能懂的天象和祥瑞。对于民间而言，凤凰是一个允许个体沟通天意的符号，带有解放的意味，尽管它意义有些含混，对福祉如何变现也缺少必要的说明。

中国是所谓的"人情社会"，历史传统中具有强烈的世俗性，人情比天大，世俗权威高于彼岸神明。一个令人不明所以、无法措手的祥瑞，可以通过在世俗社会中的转手让渡来使其传递情感或利益变现。史书载："楚人［有］担山雉者，路

①王云五主编《论语集解义疏》，何晏注，皇侃疏，商务印书馆，1937，第 120 页。

人问何鸟也。欺之曰：凤皇也。路人曰：我闻凤皇，今始见矣。汝贩之乎。请买，千金弗与，请加倍，乃与之，方欲献楚王，经宿鸟死，路人不遑惜其金，惟恨不得献王，王闻之，感其欲献己，召厚赐之，过买鸟之金十倍。”[①] 路人把山雉误认为凤凰，但其爱戴楚王之心与让渡祥瑞之逻辑一样清晰明了。灵物被当作礼物一样买卖、贡献于常人、王者，其隐含的世界观与“未知生，焉知死”“既未能事人，又焉能事鬼”一脉相通，将现世人生、世俗生活置于第一位，显示了积极的入世态度和朴素的唯物主义倾向。彼虽灵物，也当依据世俗生活的需要为我所用，所以古人曾有传说，上古之人以龙为可以畜养的动物，“古者畜龙，故国有豢龙氏，有御龙氏。”[②] 这是对神性的解构，使其物质化、实用化，合乎物质世界的因果逻辑，从而适用于日常生活。据《博物志》载，“夷海内西北有轩辕国，在穷山之际，其不寿者八百岁。渚沃之野，鸾自舞，民食凤卵，饮甘露。[③]”《大荒西经》亦记载：“有沃之国，沃民是处。沃之野，凤鸟之卵是食，甘露是饮。”[④] 把凤卵像鸡蛋一样地食用，读来有点令人语塞。食凤卵者虽非中国之民，但说者的心态，揣摩起来可能是有些艳羡的。《韩非子·难势》篇有语云：“慎子曰：飞龙乘云，腾蛇游雾，云罢雾霁，而龙蛇与蚓蚁同矣，则失其所乘也。[⑤]”对龙蛇之类灵物的物质属性进行认定，该论断没有出示证据，但其目的在于对龙蛇神性的消解，表达对神灵观念的否定态度。《管子·形势》篇也认为：“蛟龙得水，而神可立也。”[⑥] 也强调了蛟龙的物质属性和对物质规律的依赖性。尽管如此，龙凤毕竟具有神性，不可等闲视之，适度的敬意和分寸感不可不保留：“夫龙之为虫也，柔可狎而骑也；然其喉下有逆鳞径尺，若人有婴之者，则必杀人。”[⑦] 此处已经将龙基本上归属于虫类，可以驯养、游戏、骑乘，但从体察物性的角度指出了蛟龙的秉性，这已经是动物

①尹文：《尹文子》，厉时熙注，上海人民出版社，1977，第28—29页。

②杨伯峻编注：《春秋左传注》，中华书局，1990，第1500页。

③张华：《博物志》，祝鸿杰译注，贵州人民出版社，1992，第37页。

④方涛译注：《中华经典藏书·山海经》，中华书局，2009，第251页。

⑤韩非：《韩非子》，岳麓书社，2015，第155页。

⑥管仲：《管子》，房玄龄注，上海古籍出版社，1989，第11页。

⑦韩非：《韩非子》，岳麓书社，2015，第31页。

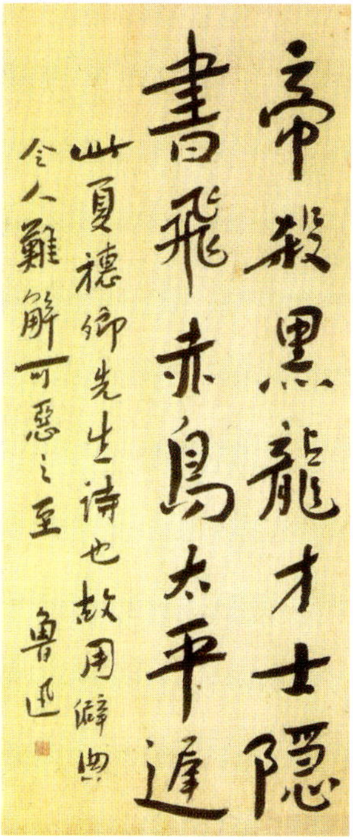

鲁迅《录夏穗卿诗联》

本能的范围而非属灵的特征了。

中国古人对灵物的态度，实际上是有些漫不经心的，多半是报喜则信，报忧不理。以我为主，以世俗生活为重，不妄言灾异而废大事，这是中国人文化性格中值得称道的品质。《墨子·贵义》篇载：“子墨子北之齐，遇日者。日者曰：‘帝以今日杀黑龙于北方，而先生之色黑，不可以北。’子墨子不听，遂北，至淄水，不遂而反焉。日者曰：‘我谓先生不可以北。’子墨子曰：‘南之人不得北，北之人不得南，其色有黑者，有白者，何故皆不遂也？且帝以甲乙杀青龙于东方，以丙丁杀赤龙于南方，以庚辛杀白龙于西方，以壬癸杀黑龙于北方，若用子之言，则是禁天下之行者也。是围心而虚天下也，子之言不可用也。’”[1]

①蒋重母、邓海霞译注：《古典名著阅读无障碍本》，岳麓书社，2014，第 368 页。

所谓日者，即古时候占卜筮的人。墨子对占卜之言不予采信，即使行程受阻折回，也要驳斥其道理，对怪力乱神之鄙视，可见一斑。这一典故曾见于现代文学中：晚清“诗界革命”的著名诗人夏曾佑有诗赠梁启超云：“帝杀黑龙才士隐，书飞赤鸟太平迟”，任公不解，认为是用的《新约·启示录》中上帝击杀恶龙撒旦的典故；鲁迅则在手书《录夏穗卿诗联》中以戏谑的口气题款道：“此夏穗卿先生诗也。故用僻典，令人难解，可恶之至！鲁迅。”不仅饱学如梁启超、鲁迅者不知此典，周作人对此典故也无印象。20 世纪 60 年代，周作人在《〈唐宋诗醇〉与鲁迅旧诗》一文中还提到此诗：“那时盛行的一种新派诗，如《饮冰室诗话》里所登的谭壮飞、夏穗卿等人所做，都不很好懂，如‘帝杀黑龙’一联至今还不能解释清楚。”[①]

①仲密（周作人）：《〈唐宋诗醇〉与鲁迅旧诗》，载鲁迅研究室编：《鲁迅研究资料》（第 3 辑），文物出版社，1979，第 292 页。

不仅天帝能杀龙，人亦能杀龙，龙在世俗生活中已沦落到皆曰可杀的地步。郦道元在《水经注》中介绍沂水时引用文献说：“《尸子》曰：韩雉见申羊于鲁，有龙饮于沂。韩雉曰：吾闻之，出见虎，搏之，见龙，射之，今弗射，是不得行吾闻也。遂射之。”[②]见龙必射，是一条其然不明、其所以然亦不明的人生格言。《庄子·列御寇》篇也谈到朱泙漫散尽千金家财，向支离益学习屠龙术，技成而无所用其巧。可见，“杀”是人与龙打交道的常备选项之一，无龙可杀，未免令人怅然若失，与龙战于野，其血玄而黄，此等景象想必为古人们津津乐道。

②郦道元：《水经注校证》，陈桥驿校证，中华书局，2013，第 570 页。

龙不像想象中那样被敬重，凤又如何？前述有轩辕国人食凤卵的事迹，尚是化外之民，不必苛求。战国典籍《穆天子传》则记载了周穆王“设凤脑之灯”“置西王母”的事迹。晋代王嘉的《拾遗记》中也提到此事：“时已将夜，王设长生之灯以自照，一名恒辉。又列璠膏之烛，遍於宫内。又有凤脑之灯。”[③]以此为典，“凤脑”遂成为灯油的美称，唐王勃《守岁序》中有佳句：“鱼鳞布叶，烂五色而翻光；凤脑吐花，灿百枝而引照。”明代邵璨在《香囊记·庆寿》中亦提到：“银缸燃凤脑，玉碗送羊羔。”杀凤取脑而点灯，格调粗鲁，殊无敬意；而且，“凤髓”早已是古代美食的八珍之一。明代俞安期所辑《唐类函》指出：“按《礼》所谓八珍者……后世则侈云龙肝、凤髓、豹胎、鲤尾、鸮炙、猩唇、熊掌、酥酪蝉。”以龙凤为美食，必属子虚乌有，有人指“龙肝”可能是马肝或穿山甲的肝；笔者以为，“凤髓”若真的列入菜谱，或依楚国买凤路人之先例，以山雉代之。

③王嘉：《拾遗记译注》，孟庆祥、商微姝译注，黑龙江人民出版社，1989，第 75-76 页。

庞统靖侯造像

这种为我所用、任意驱遣的态度，说明龙凤在古人心目中已经脱离了信仰状态，失去了对心灵施以威慑的力量。从审美形式感的角度而言，人面对权威性力量的时候，主体形式是呈对称状态的，如军事队列面对上级长官必须呈立正姿势；而当权威撤除时，立正就变为稍息，人体姿势就成为动态的“均衡”，即中轴两侧等量不等形的动态平衡，与严格对称的立正判然有别。在对待龙和凤的态度上，人们显示出的正是自由随意的稍息态度，保有的敬意不过是来自原始崇拜的遗存以及对罕见事物的谨慎态度罢了。也正因为如此，人们可以用龙或凤称呼他们心目中的精英才俊，除了个别朝代对“龙”的称谓有严格的禁忌、皇帝对其加以垄断以外（如宋代），多数时期人们对龙凤之称谓的使用是自由的，尤其是以凤喻人的做法，皇权并不在意。

有凤凰之誉的人才，人们最熟悉的莫过于三国的凤雏庞统，明代高启《咏隐逸·庞公》一诗中道：“南阳有龙凤，乘时各飞翻。”凤雏比于卧龙，论者多以为不如。明代方孝孺就对庞统的人品颇有微词：“然徽以孔明、庞统并称，吾窃有疑焉。论者惜统早死，故功业不及孔明；余谓使统不死，终非孔明比也。孔明之学，庶乎王道；而统之言，皆矫诈功利之习。刘璋之迎昭烈，或说昭烈就取益州，昭烈恐失信于天下，统则请就其来迎而袭杀之；昭烈之不即从，所以坚益州之民服从之志，犹有王者之用心也；统独切切焉欲夺璋之位，其器量何浅哉？王者患乎德不弘、道不洽，不患土狭民微也。”[1] 方孝孺以孔明之学为王道，庞统之学为功利狡诈，不无道理，但庞统毕竟

①方孝孺：《逊志斋集》，徐光大点校，宁波出版社，2000，第148页。

不是无行小人，其行事急功近利，是基于对天下大势的判断。据《三国志》载，庞统曾为周瑜手下功曹，喜欢评价人物，被他评价的人，都往往被拔高，超过该人实际的才能，人怪而问之。庞统解释道："当今天下大乱，雅道陵迟，善人少而恶人多。方欲兴风俗，长道业，不美其谭即声名不足慕企，不足慕企而为善者少矣。今拔十失五，犹得其半，而可以崇迈世教，使有志者自励，不亦可乎？"[1] 意思是通过美誉树立榜样，使人自励而为善，可以算是用心良苦的鸡汤救世法。后随刘备入蜀，献计攻成都。刘备在涪城欢宴，谓统曰："今日之会，可谓乐矣。"统曰："伐人之国而以为欢，非仁者之兵也。"先主醉，怒曰："武王伐纣，前歌后舞，非仁者邪？卿言不当，宜速起出！"於是统逡巡引退。先主寻悔，请还。统复故位，初不顾谢，饮食自若。先主谓曰："向者之论，阿谁为失？"统对曰："君臣俱失。"先主大笑，宴乐如初。[2] 针对此事，裴松之评价道："谋袭刘璋，计虽出于统，然违义成功，本由诡道，心既内疚，则欢情自戢，故闻备称乐之言，不觉率尔而对也。备酣宴失时，事同乐祸，自比武王，曾无愧色，此备有非而统无失。其言'君臣皆失'，盖分谤之言耳。"[3] 庞统在争霸之世为刘备所献之策，虽有时不够堂皇正大，但基本的操守尚在，是非观未泯，况且战争本身也很难区分哪些问题可付之于兵法，哪些属于必须遵循的仁义道德；若不求全责备，庞统之才智仍当得起凤雏的称号。

三国时代，以凤喻人的例子不少，如管宁被誉为"龙凤隐耀"，陆机亦有凤雏之谓；两晋南北朝之际，王导之子王邵、谢灵运之子谢宗超皆有"凤毛"之称。据《陈书·徐陵传》载，徐陵的母亲生他之前"梦五色云化而为凤，集左肩上"。徐陵幼年即有神童之称，又被赞誉为"天上石麒麟""当世颜回"，是个聪明俊秀的人物，后为著名宫体诗诗人，其文才与

①陈寿:《三国志》，裴松之注，中华书局，1999，第 707 页。

②陈寿:《三国志》，裴松之注，中华书局，1999，第 709 页。

③陈寿:《三国志》，裴松之注，中华书局，1999，第 709 页。

庾信齐名，时称“徐庾”。又有北魏贾思伯、贾思同兄弟，是汉朝贾谊、三国贾诩之后，幼年家贫，师从北海人阴凤。阴凤名凤，实少凤仪，因贾氏兄弟学成无钱付学费，竟让二人留下衣服做抵押。史载：“初，思伯与弟思同师事北海阴凤。业竟，无资酬之，凤遂质其衣物。时人为之语曰：‘阴生读书不免痴，不识双凤脱人衣。’及思伯之部送缣百匹遗凤，因具车马迎之，凤惭不往。时人称叹焉。”[①] 贾思伯兄弟享“双凤”之称，阴凤倒无颜为凤了。三国时吴国的学者韦昭耻言祥瑞，认为那不过是谄媚者的匣中之物，不料这一观点触怒了吴皇孙皓，数年后韦昭又因不肯为孙皓的父亲作纪（孙皓的父亲孙和是南阳王。皇帝才有资格被著史者作“纪”，其他人只能被作“传”）被杀。但他并不避讳在创作中谈论龙凤，并在《博弈论》中指出龙凤的特点：“勇略之士，则受熊虎之任；儒雅之徒，则处龙凤之署。”看来龙凤之所指，在文武两道中偏于文道；而龙凤之中，龙又以雄风见长。堪称凤者，才华出众，仁德知礼，是内在的一面，偏重于道德文章；在外在方面，又有人认为凤凰素有威仪，故又有“威凤”一说。唐太宗曾作《威凤赋》以赐长孙无忌，杜甫《晦日寻崔戢李封》一诗亦有“威凤高其翔，长鲸吞九州”之句。凭印象来看，凤之所喻者重在德才兼备，往往儒雅俊秀；但若由庞统观之，大约智慧才能为第一考量，形貌倒在其次。由这些繁复矛盾的修辞用法推求人们心目中的凤的属性，得不到统一的认知，看来凤之形象、性情人言言殊，终究渺茫。

①李延寿：《北史》，中华书局，1974，第1730—1731页。

由于政治宣传和文学修辞的影响，民间凤的形象越走越远。即使偶尔有疑似案例的目击记录，也因为民间话语权的缺失和话语能力的薄弱，使之被归入假语村言之列，在流传中湮灭。但民间也不乏对官方话语的改造，使凤凰以适合民间生活方式和理想愿望的形态出场。官方谓君主之德可使凤凰来仪，民间则喜欢另一套操作。如明代周嘉胄在《香乘》一书中提到了“致凤”的一种方法：

“虏苏割刺在答鲁之右大泽中，高百寻，然无草木；石皆赭色，山产椒，椒大如弹丸；然之香彻数里。每然椒，则有鸟自云际蹁跹，五色，名赭尔鸟，盖凤凰种也。昔汉武帝遣将军赵破奴，逐匈奴得其椒，不能解，诏问东方朔，朔曰：‘此天仙椒也，塞外千里有之，能致凤。’武帝植之太液池，至元帝时，椒生果，有异鸟翔集。”[1]

①周嘉胄：《香乘》，九州出版社，2014，第163页。

燃烧“天仙椒”而致凤凰降临，这一手段属于技术路线，建立在对植物特性和动物习性的充分掌握上，似乎比以德致凤可靠得多，也更具操作性。可惜没有其他资料佐证，天仙椒也已湮没无闻。

民间记录中比较有价值的是野史，因其权威性、严肃性不足而不为官方采纳，但这恰在某种程度上避免了官方正史的宣传谋划，以接近原生态的形式保留了凤凰事件的吉光片羽，也让后世读者能在各种正统解释框架的缝隙中，解读不同于常识的凤凰记录，窥见凤凰掠过的瞬间留影。民间传说经常会提供一些溢出关于凤凰的一般化、概念化认识的细节，对原有的知识形成冲击。如南宋地理学家周去非编纂的地理名著《岭外代答》，曾对凤凰的习性做了非常详细的记述。他描述道，“山凤凰”生于南方的丹穴，在邕州（今广西壮族自治区南宁）人迹不至的高崖之上才会筑巢。“五色成章，大逾孔雀……百鸟遇之，必环列而立。其顶之冠常盛水，雌雄更饮，未始下人间。”[2] 据称，凤凰在两江地区的深林筑巢，产卵以后，雄凤用木枝混合桃胶，将雌凰封闭在巢穴里，只留下一个很小的气孔。然后雄凤寻找食物饲养雌凰，如果得到食物就拆除封盖，得不到食物就会封堵孔洞将雌凰窒息而死。据校注者杨武泉认为，该“山凤凰”指的是犀鸟。周去非的说法实际上参考了同

②周去非：《岭外代答校注》，杨武泉校注，中华书局，1999，第366页。

时期的诗人范成大笔记《桂海虞衡志》中的记载："山凤凰，状如鹅雁，嘴如凤，巢两江深林中。伏卵时，雄者以木枝杂桃胶，封其雌于巢，独留一窍，雄飞求食以饲之。子成即发封，不成则窒窍杀之。此亦异物，然未之见也。"[1] 另外，从一些野史中，我们可以发现前述"威凤"之称谓，不是兴之所至的信口开河，而是有其民间成说的依据。如明代文人谢肇淛所撰《文海披沙》是笔记体著作，归于杂家类，所载堪称野史中的野史，但描绘生动翔实，读来似真。其中"凤事二异"篇曰：

①范成大：《范成大笔记六种》，孔凡礼点校，中华书局，2002，第204页。

偶征凤事，耳目所睹，记者多矣。其中有二事，最异，录于此，以资谈柄。

金太和四年，六月，磁州武安县南鼓山北石圣台有凤从东南来，众鸟围之，大者在内，小者在外，以万万计。村民惧为官司所扰，驱牛数十头击柝以从，欲逐去之。未至二里，即有鷙鸟振翮逆击，翼长丈余，击水牛皆死，肉尽见骨，于是报官。凤高丈余，尾如鲤而色殷，九子差小，翼其旁。凤为日照，则有二大鸟更迭盘旋，庇荫之，日入乃下，凡三日，乃从西北摩空而去。县中三日无鸟雀，凤去后，人视其处，有食残鲤鱼数头，皆重五六十斤；台旁清浍，鸟粪皆满，小禽折翅死者甚众。村民掘台下三尺许，得金剑，不可取，折其半，煅之化为金蝉飞去，此一异也。

华阴有凤居山，一名龙骨，云唐开元中有凤逐二龙至此，龙堕地化清泉二道，凤愤而死。其一龙被凤爪伤流血，泉色遂赤。凤死时山之僧以石函瘗其骨于山颠，垒砖为塔，覆之，因以名山。景泰癸酉乡民因筑城，尽取塔砖，石函始露，上有刻字景祐四年重修。启函，凤胫骨长二尺，围可六寸，股骨长一尺五寸，围如胫骨，其洁如玉。语云凤喜食龙脑，故龙畏之，此亦一异也。[1]

此二事，又皆见于《金史·五行志》和《癸酉杂识》。此两部书的作者都是元代人，距第一件“异事”发生的时间很近，距第二件“异事”发生的时间（唐代）、重修石函的时间（北宋仁宗景祐年间）也不算太远，且地址翔实，不似妄言；在明代著作《文海披沙》中，又补述了明朝景泰年间发现的重大证据。可惜距今已经太久远，证据亡佚，徒留传说。但我们还可以从史书中寻找到一些重要佐证，对上文第一件“异事”的记载，《金史》的文字更为生动翔实：

《金史·五行志》载：“泰和二年八月丙申，磁州武安县鼓山石圣台，有大鸟十，集于台上，其羽五色斓然，文多赤黄，赭冠鸡项，尾阔而修，状若鲤鱼尾而长，高可逾人，九子差小侍傍，亦高四五尺。禽鸟万数，形色各异，或飞或蹲，或步或立，皆成行列，首皆正向如朝拱然。初自东南来，势如连云，声如殷雷，林木震动，牧者惊惶，即驱牛击物，以惊之，殊不为动，俄有大鸟如雕鹗者，怒来搏击之，民益恐，奔告县官，皆以为凤凰也，命工图上之。留二日，西北去，按视其处，粪迹连顷，其色各异，遗禽数千，累日不能去，所食皆巨鲤，大者丈余，鱼骨蔽地。章宗以其事告宗庙，诏中外。”[2]

①谢肇淛：《文海披沙》，大达图书供应社，1944，第11页。

②脱脱等：《金史》，中华书局，1975，第540页。

“羽人饲凤”画像石

皇帝将此事件祭告祖先、昭示天下，可见已朝野轰动，影响非同小可；后世正史亦言之凿凿，完全捏造的可能性微乎其微。文字记载透露出的信息极为丰富：

其一，疑似凤凰的大鸟身形高大，“高可逾人”，则当接近两米，“大者丈余”则超过三米；

其二，羽毛五色斑斓，纹路多赤黄，赭冠鸡项，符合人们对凤凰外形的一般认知常识，指为凤凰，合情合理；

其三，尾阔而修。尾羽既长又宽，似乎矛盾，但揣摩文义可知，“修”指比例，“阔”为尺寸；

其四，不是素食动物。气质凌厉，勇挚猛壮，吃鱼。有汉代画像石上刻有二凤窥视一鱼的图案，似可佐证，但凤鱼同图，不知是巧合，还是古人曾有过“凤吃鱼”这种未占主导的凤凰知识；

其五，对其他鸟类似有生杀之权；

其六，“凤将九子”“掘地得剑”的场景是在重复已有的文化符码，过于程式化、类型化，有损可信度。

石圣台降凤是一次颠覆性的事件：原生的自然颠覆了人对世界的文化想象。其惊人之处在于：凤凰一反印象中的祥瑞喜庆，呈现出某种霸悍可畏的气质。凤凰居然不为帝王圣明、国泰民安而来，其骤然降临，既不示瑞，也不献宝，占据山野，俨然王庭，其权力秩序自成一统，凛然不可冒犯，且对人间事物不屑一顾，不禁使人们为自己的想当然和自作多情暗生惶愧。自古以来，“世用太平，凤凰降”的说辞和诸多例证，都错了吗？无疑是错了，那是一个人类中心主义的认知泥潭，“万物备于我”的自恋迷梦。凤是野凤，不是家鸡，五色斐然，是勃勃英气，不是唯唯奴颜；自歌自舞，是英雄舞剑器，不是歌姬步金莲。那些含丹献谄、来仪颂世的文字、造型和传说，都包含着对万物的自由天性的诋毁，流露着人类奴役世界的私心。

在第二件“异事”中，“凤食龙脑”一说更凸显了凤凰的矫健和剽悍。这样的凤凰，显然具有印度教和佛教中的“迦楼罗”的特点。迦楼罗是古印度神话传说中记载的一种巨型神鸟，在印度教中是三大主神之一的毗湿奴的坐骑，而在佛教中则是天龙八部之一，专以龙族（那迦蛇族 Naga）为食。“龙堕地化清泉”的情节，与各旅游景点编造神话传说的套路相仿，显然是后世传说者添油加醋的附会，不必认真对待，值得注意的是明代景泰年间发现的石函中的凤骨。古人没有科学研究的意识，倘若凤骨真的存在，而未能妥善保留以留待今天研究，实令人扼腕叹惜。依文中所述，股骨、胫骨共长三尺五，以此长度，按鸟类身体比例推算，加头、颈、身、足的长度，身高丈余是可信的。不过，即便凤骨留到今天，科学界也多半会在“凤凰不存在”的前提下对其进行研究。就像现在网络科学爱好者中流传的一个说法：“如果龙存在，物理学就不存在。”这句话包含的意思有两个方面：第一，龙所具有的体态特征和飞行、施雨等能力是不符合现代物理学、生物学常识的，依据现代知识，可以将其判定为假；第二，承认龙的存在，就会危害科学家所共同遵守的世界观、方法论和行为方式，使当前知识范式发生动摇乃至颠覆。在科学研究中，一种知识范式总是要穷尽其可能性达成对现实世界的解释，并时刻维护本范式的假说、理论、准则和方法，将它们作为科学家心理上的共同信念。所谓真实，就是知识范式内的真实。范式规定了什么问题应该被研究，什么问题应该被提出，哪些问题应该被排除，如何对问题进行质疑，以及遵循什么样的规则来解释我们得到的答案。除非产生新的研究范式，科学研究总是要尽量排除那些当前知识所无法解释的“例外”现象，或将其用已知的现象置换。这一思路，所有知识体系在维护自身权威性时都难以避免。因此，在当前科学知识的范围之内，将凤骨解释为某种已知动物的骨骼，或将其作为新的例证归入某个已知的动物类别，是非常可能的。我们的知识往往在解释世界之前，就已经知道了答案。

这个世界早已被解释过了，每件事物都被放进知识系统为它打造的抽屉里，分门别类，线索清晰，排列整齐，标签醒目。在格式化的世界，神秘已经消失，所有的好奇心都可以睡去了。但凤凰是个异类。

凤凰的魅力，很大程度上源于它身份的不确定性。在人们心目中，它介乎存在与不存在之间，形貌因时而变，性情不可捉摸，品类亦神亦俗，与人居世界亦远亦近。在对远古凤凰的溯源过程中，在对凤凰艺术造型流变的追索中，在对生活世界“以凤喻人”话语的品味中，以及在对野史村言里的目击事件的梳理中，我们试图求得古人言说凤凰时的“最初一念之本心”，但都无法得出一个关于凤凰的统一的认识。当然，“最初一念之本心”，这是个灵修意义上的词，适合冥想，用在公共领域和学术研究中就有点尴尬。把它当成知识的某种合法性功能项来使用，就更让人脸红了。幸好我们所寻求的不仅仅是实证，还包括心理真实。关于凤凰的话语既连续又断裂，相互抵牾又相互说明，形成了一个巨大的碎片化的凤凰轮廓，一个涌动着的无固定边界的能指之海，但始终不能完成和谐整一的有机总体肖像。人们言说着凤凰，但凤凰不是任何人所说的那个凤凰。从石器时代的图腾崇拜到汉代的天人感应，人们试图在原始思维的触染律和相似律中与凤凰交接，但对象的缺失使主体的想象变得随心所欲；从商周青铜器的凤纹到近代凤凰的艺术造型，凤凰的线条从僵硬拘谨到婉转流畅，继而向人们生活中熟知的家禽靠拢，追求合乎习见事物的伪写实，以虚假的答案搪塞问题，用主观的佯知蒙弄理性；在喻人之词中，凤凰涵盖才德，兼及形神，但内涵千变万化，唯“世所罕有”

的意味较为确定；在目击记录中，凤凰呈现出野蛮的非人化的一面，它们几乎彻底颠覆了人们对凤凰的印象，但是为人们心目中那只世俗化、符号化乃至“年画化”的凤凰注入了蓬勃的生命力。在科学的逼视下，在文化的探究中，在心理学的批评之后，凤凰的全貌没有现身，它依然神秘。凤凰的虚无缥缈令人心冷，但它又以玄虚之美饱含着深远的诱惑。在这个祛除了诸神从而日益乏味的世界上，凤凰是一个用现世知识无法言说的灵体，或是用世代的想象力累积的传说，我们不知其存在与否，但即使它已稀薄得只剩下符号，只剩下一些抽象的线条和用高度写实的他物来喻指的不可见之物，我们仍然难以放弃这个意象，难以放弃它所暗示的言外之意，那就是人对有限世界的不甘和对无限未知的渴望。

第三章

凤象：宇宙秩序与天人感应

在中国古代思想中，宇宙万物的存在和运行都体现着对“道”的遵循。这一观念，正是凤凰来仪与国家兴旺能够相互关联的基础。顺天者昌，天将示以祥瑞；违天不祥，天必降之灾异。这是一种相当原始的“普遍联系”的思维，试图把事物之间的本质的、普遍的和必然的联系与现象的、偶然和个别的联系不加区别地联系起来，从中可以看到人们试图通过一种统一的规律来把握天人、沟通自然与社会。这一规律，在古人心目中就是道德，这是一种普泛化的、没有明确规定性和适用边界的道德意识。古人将“道”“德”并用，德是道的体现和具体化。老子曰：“孔德之容，惟道是从。”意思是大德的形态是由道决定的。然而大道无形，道必须从具体的“德”中体现出来。因而，中国古人眼中的宇宙是一个有德的宇宙，“道生之，德畜之，物形之，势成之。是以万物莫不尊道而贵德。道之尊，德之贵，夫莫之命而常自然。”[1] 人类社会和自然万物共同遵守着道德原则，只不过在具体的道德要求和道德准则上有所不同。“上德不德，是以有德；下德不失德，是以无德。”[2] 一个具有“上德”的人，遵循的并非具体的道德规范，而是体现着“道”这一最高原则；道是人类和自然万物运行的共同规

①《道德经》。

②同①。

律，万物并育而不相害，道并行而不相悖，这就使人与自然、人与动物以某种方式共处于同一秩序有了可能。凤凰的来临，正是凤凰之德使然。

第一节　德性之美：道德世界中的道德动物

在中国古人那里，人与动物同处于自然状态被看作至德的表现，正如庄子所说“同与禽兽居，族与万物并”[①]，这样的至德，就是自然之德、赤子之心，“含德之厚，比于赤子。蜂虿虺蛇弗螫，猛兽不据，攫鸟不搏”[②]。与动物相处而不相害，除了要有自然之德外，有时似乎还需要对动物进行教化，据说太古时代的圣人就是这样做的：“太古神圣之人，备知万物情态，悉解异类音声。会而聚之，训而受之，同于人民。故先会鬼神魑魅，次达八方人民，末聚禽兽虫蛾。言血气之类心智不殊远也。”[③]意思是说，人类社会形成之初的那些圣人如伏羲、女娲等，能够知悉不同物种动物的心理，明白它们的声音、语言，所以能把它们召集起来，驯化它们，如同教养人民一样。所以圣人们先会与鬼神魑魅打交道，然后他们的教化才临到八方人民，最后惠及禽兽昆虫。可以说，凡有血气之生命，心智的差别并不大。由此看来，古人相信野兽不伤有德之人，人与其他物种可以在某种程度上取得情感心意上的共识且相处和谐，而动物具有接受道德教化的潜质。在古人那里，动物不是独立于人的自在之物，而是以人为中心并体现着物我关系的存在物。

在人与动物的区分上，列子的看法是“人之所以贵于禽兽者，智虑”[④]，但以心智能力为区分标准的看法不是主流，只在后世王充那里得到了认同，“倮虫三百，人为之长，天地之性，人为贵，贵其识知也”[⑤]。居于主流地位的则是儒家的看

①郭庆藩：《庄子集释》，王孝鱼点校，中华书局，1961，第336页。

②《道德经·第五十五章》。

③《列子·黄帝》。

④《列子·杨朱》。

⑤黄晖：《论衡校释》，中华书局，1990，第600页。

法，荀子说：“水火有气而无生，草木有生而无知，禽兽有知而无义，人有气有生有知亦且有义，故最为天下贵也。”[1]人与动物同秉生气，异构而同质。值得注意的是，荀子认为人与禽兽都拥有“知”的能力，而把“义”这一属于伦理道德范畴的属性作为人与动物的根本区别，以此强调人类的本质优越性，这与康德将实践理性看得高于纯粹理性、人类的认识最终要为道德服务的观点，有某种暗合之处。在孟子那里，也已有近似的看法：“人所以异于禽兽者几希”，是说人与禽兽有微弱但重要的差别，在孟子的思想体系里，这差别就是“仁义礼智”四端。这些品质，“庶民去之，君子存之”，生而有之的品行可能在后天生活中泯灭，而圣人则起到了为人们的行为立范的作用。在中国古代“通天下一气耳”的万物一体宇宙观里，建立人与动物的共同秩序不仅是可能的，而且是天人和谐的至高境界的表现。圣人和君主以道德教化万民之余，也对自然界和动植物进行道德教化，而灵异动物则充当了这一教化活动的中介。《礼记·礼运》篇中提到，圣人为天下作则立范，除了应达到“以天地为本，阴阳为端”等要求之外，还要以四灵为畜。“四灵以为畜，故饮食有由也”，即借助四灵的力量驯化动物，使其为人所用。

①《荀子》。

中国古代的动物图谱标示出不同动物在这个道德宇宙中的位置，动物各有其德，各有其性，各有其地，各从其类。每一类属动物有其灵长：凤凰与龙、龟、麒麟并称“四灵”，它们不同于世间寻常鸟兽，在其种属和等级上是动物界的领袖，又是各自所属物种中的超群者。四灵分别是毛类、羽类、介类、甲类四种动物的灵长，它们的道德表现各不相同，据说“麟体信厚，凤知治乱，龟兆吉凶，龙解变化”，在其种类中以身作则，其地位有如圣人置身于民众。“何谓四灵？麟凤龟龙，谓之四灵。故龙以为畜，故鱼鲔不淰；凤以为畜，故鸟不獝；麟以为畜，故兽不狘；龟以为畜，故人情不失。”[1] 大意是说，如果龙成为家畜，鱼类就不会逃遁隐藏；如果凤成为家畜，鸟类也就不会狡猾藏匿；如果麟成为家畜，那么兽类就不会惊慌逃走；如果龟成为家畜，那就可以用来占卦问卜，察知人事。动物归属于四灵，而圣人以四灵为畜从而管理动物世界。因此，圣人被看作第五“灵”，是倮类动物的代表，同时又是万物的灵长，担负着教化万民、化育万物的责任。圣人通过与四灵打交道而影响动物界，进而建立天人之间的和谐秩序。

①杨天宇：《十三经译注·礼记译注》，上海古籍出版社，2004，第278页。

人神相交，动物为媒，古人对此有一套颇为系统的观念，如对通过音乐与神交感的观念。《周礼·大司乐》中有一段论述：“凡六乐者，文之以五声，播之以八音。”“凡六乐者，一变而致羽物及川泽之示，再变而致蠃物及山林之示，三变而致鳞物及丘陵之示，四变而致毛物及坟衍之示，五变而致介物及土示，六变而致象物及天神。”这就是说，六种舞乐，演奏一遍而招致羽类动物，以及川泽之神；演奏两遍而招致毛短浅的动物，以及山林之神；演奏三遍而招致有鳞甲的动物，以及丘陵之神；演奏四遍而招致毛细密的动物，以及坟衍之神；演奏五遍而招致有甲壳的动物，以及土神；演奏六遍而招致龙凤龟麟，以及天神。

在古人看来，一些动物有先天之德。如东汉许慎在《说文解字》中曾指出狐狸有三德，“其色中和，小前大后，死则丘首”。再如鸡，也被冠以“德禽”之名，据说其德有五：“君独不见夫鸡乎！首戴冠者，文也；足搏距者，武也；敌在前敢斗者，勇也；得食相告，仁也；守夜不失时，信也。”[2] 寻常家鸡居然“文、武、勇、仁、信”五德俱备，古人察物观象时的那种细致涵泳、深切玩味，令人叹为观止。同样在道德上被称许的还有大雁和羊，《春秋繁露·持贽》篇中有道：“雁乃有类于长者，长者在民上，必施然有先后之随，必俶然有行列之治，

②许维遹：《韩诗外传集释》，中华书局，1980，第60—61页。

故大夫以为贽。”“羔有角而不任，设备而不用，类好仁者；执之不鸣，杀之不啼，类死义者；羔食于其母，必跪而受之，类知礼者；故羊之为言犹祥与，故卿以为贽。”[①] 这就是说雁类似人们中间的长者，长者地位高于一般人，举止持重，强调长幼之序。正因为性行淑均，才使得雁群井然有序。因此，大夫用雁作为礼物。羔羊有角，但不以为恃，就像仁者一样。羊被捉拿也不鸣叫，被杀也不哀号，就像义人的样子。羊羔跪着吮吸母羊的奶，就像知礼的人。因此“羊”又有“祥”的意味，所以卿用羊作为礼物。

①董仲舒：《春秋繁露》，张世亮、钟肇鹏、周桂钿译注，中华书局，2012，第 573 页。

判断某一行为是否属于道德行为，自觉的道德意识是关键因素，而不能仅凭该行为的道德效果或道德形式。无道德动机，则难称其为道德主体。动物行为是否受道德意识支配，目前是一个众说纷纭的问题，亦是一个“子非鱼”的问题，无法经沟通知悉，也无法通过推理思辨解决。“君子比德”是中国古人的，特别是儒家的文化思维方式，是通过将自然物的特征与人的道德属性相比附，继而将从中获得的道德启示反身投射给自然物，以达到自我譬喻的目的；比如以温润如玉喻君子谦逊，以松柏后凋喻君子坚韧，等等。依据所投射的道德的价值不同，动物世界也被纳入一个等级秩序之中，这个秩序反过来又能为人类社会的等级排序提供依据，如《左传》中记载的“昭公十七年”篇提到的“以鸟名官”，就把不同鸟类的生物本能进行了道德化的解读，并评定等级。

> 秋，郯子来朝，公与之宴。昭子问焉，曰：“少皞氏鸟名官，何故也？”郯子曰：“吾祖也，我知之。昔者黄帝氏以云纪，故为云师而云名；炎帝氏以火纪，故为火师而火名；共工氏以水纪，故为水师而水名；大皞氏以龙纪，故为龙师而龙名。我高祖少皞挚之立也，凤鸟适至，故纪于鸟，为鸟师

而鸟名：凤鸟氏，历正也；玄鸟氏，司分者也；伯赵氏，司至者也；青鸟氏，司启者也；丹鸟氏，司闭者也。祝鸠氏，司徒也；雎鸠氏，司马也；鸤鸠氏，司空也；鹅鸠氏，司寇也；鹘鸠氏，司事也。五鸠，鸠民者也。五雉为五工正，利器用、正度量，夷民者也。九扈为九农正，扈民无淫者也。自颛顼以来，不能纪远，乃纪于近。为民师而命以民事，则不能故也。”仲尼闻之，见于郯子而学之。既而告人曰：“吾闻之，‘天子失官，官学在四夷’，犹信。”[1]

①杨伯峻编注：《春秋左传注》，中华书局，1990，第1386—1388页。

郯子表示他的高祖少皞挚即位的时候，恰遇凤鸟飞来，因此便以鸟记事，也以鸟命名官职。凤鸟氏掌管历法，玄鸟氏掌管春分、秋分，伯赵氏掌管夏至、冬至，青鸟氏掌管立春、立夏，丹鸟氏掌管立秋、立冬。玄鸟、伯赵、青鸟、丹鸟这四种鸟都是凤鸟氏的下属。祝鸠氏是司徒，雎鸠氏是司马，如此等等，从颛顼之后，因为无法记录远古时代的事情，于是从近古时代开始记录。作为管理百姓的官职，应当以百姓的事情来命名，不能再沿袭过去的称谓了。所说凤鸟氏，就是主管历数、计量天时的官员，因为凤凰是神鸟，知天数天时，所以以它来命名；玄鸟即燕子，春分来，秋分去，所以用来命名掌管春分和秋分的官；伯赵即伯劳鸟，夏至鸣叫，冬至停止，所以用来命名掌管冬至和夏至的官职；青鸟就是鸧鸬，立春鸣叫，立夏停止，所以用来命名掌管立春、立夏的官职；丹鸟即雉鸡，立秋来，立冬去，所以用它命名掌管立秋、立冬的官职。祝鸠有孝顺之德，故以它命名主管教育。

天道与人事和谐，关乎统治秩序，因此神鸟灵禽特别适合用来彰显人君之德。《册府元龟·符瑞》云：

《传》曰：麟凤五灵，王者之嘉瑞也。夫德之休明，天降茂祉，则必百神幽赞，庶物效灵，故有非人力之所能致而自至焉者。先民有言曰：人主和德于上，百姓和合于下，则天下之和应矣。故嘉禾与朱草生。《记》曰：天不爱其道，地不爱其宝。盖珍符之应以应有德，故王者重之。是以书载归禾，诗咏鸣凤，芝房、宝鼎升于乐府，神雀、甘露标为年纪，皆所以发扬景贶，光昭丕烈者也。然而洪覆在上，其道玄远；坤厚载物，其德沉潜。人灵歆乎至和，昆虫蒙乎利泽，非布于伟兆，震乎珍物，又安能发挥眷祐，而觉悟黎蒸者哉。[1]

[1]王钦若：《册府元龟》，中华书局，1960，第233页。

这段文字表明了君主与祥瑞的关系：君主的德行和作为合乎天道，合乎民意，天就会降下福祉和祥瑞予以嘉许，祥瑞不是因为珍贵，而是因为与有德之君相应，所以才受到重视。史书记载的嘉禾、鸣凤、神雀、甘露等被朝廷珍重、宣扬，都是为了昭示天意、教化万民。可以看出，这种思维方式有很强烈的道德比附和文学修辞的意味，在大多数情况下，通过“比德”发现的动物道德只是动物的天性和本能，是刻写在基因中的明显或隐晦的生存策略，有支持个体或群体生存的直接或间接的功利性。但我们不能断定天性和本能的行为必然不属道德行为。道德的本质是什么，这是个非常困难的问题，人有没有先天的道德意识，先天因素在多大程度上对人类道德起作用，历代思想者争执不休，但在伦理学的问题域中，动物是被排除在道德主体之外的。古人对动物是否真的具有道德意识和道德情感，其实并没有兴趣，动物们只是被拿来说明人的观点。在一个道德化宇宙的解释框架下，中国古人向不同种类的动物投射了特定的道德属性和道德价值，用它们来解释这个宇宙的运行和发展，解释人与自然、人与动物世界的相互影响，这是在用按照论点意图改造过的论据反过来印证论点，其结论在一开始就注定了。

动物天性不同，所比附的道德属性和价值也就不同。古人将动物天性和本能偷换为道德属性，依据道德价值区分差异，评定高下，“故凤凰生而有仁义之意，虎狼生而有贪戾之心，两者不等，各以其母。”[①] 这里显然是对生物本能进行了道德化的解释。凤凰作为羽族之长，适合用来比附君主之德；二者之间的联系不仅依赖修辞上的类比思维，也有天人感应说方面的依据，圣人出则必有祥瑞，古人对此深信不疑，就连以“疾虚妄”著称的东汉王充，也不否认龙凤祥瑞与圣人君王的相关性，他只对那些将圣人君王说成龙种、异种的说法加以嘲讽，如他在《论衡·奇怪》篇中写道：“野出感龙及蛟龙居上，或尧、高祖受富贵之命，龙为吉物，遭加其上，吉祥之瑞，受命之证也。光武皇帝产于济阳宫，凤凰集于地，嘉禾生于屋。圣人之生，奇鸟吉物之为瑞应。必以奇吉之物见而子生谓之物之子，是则光武皇帝嘉禾之精、凤凰之气欤？”[②] 意思是说，尧的母亲在野外遇龙、蛟龙在刘媪身上等事件，仅仅表明尧和汉高祖秉承富贵之命，龙是吉祥之物，伏在人身，是吉祥富贵的证据。汉光武帝出生在济阳宫，凤凰在地上聚集，嘉禾在房顶上长出。圣人出生，就会有迹象的鸟兽成为瑞应。如果一定要把吉祥之物出现时出生的孩子看作吉祥之物的孩子，那么汉光武帝难道是凤凰、嘉禾之子吗？在这里，王充把“瑞应”之物看作当然，而不在批驳之列；圣人与祥瑞相伴，俨然这个世界的常识常理。

一个值得注意的问题是：作为祥瑞的凤凰，有没有对自己所指涉之物的自觉？当它在值得嘉许的事物和时刻出现，是出于凤凰自己的道德判断，还是在执行直接的天命，抑或是本能上对天人感应做出的反应？汉代俗儒多以为祥瑞动物有知，能自觉执行上天赋予的使命；但在王充看来，祥瑞动物是“和

①戴德，孔广森：《大戴礼记·大戴礼记补注》，山东友谊书社，1991，第67页。

②黄晖：《论衡校释》（一），中华书局，1990，第164页。

气”所生，是“常有之物”，它们具体象征什么，完全在于人的解释。王充并不认为祥瑞动物有仁知之德，它们与圣人遇合，只是偶然。“儒者说凤皇、麒麟为圣王来，以为凤皇、麒麟仁圣禽也。思虑深，避害远，中国有道则来，无道则隐。称凤皇、麒麟之仁知者，欲以褒圣人也。非圣人之德，不能致凤皇、麒麟，此言妄也。”[1] 在王充看来，“思虑深，避害远”和“有道则来，无道则隐”的做法，智则智矣，但与“仁”相违。圣人在世，凤凰麒麟却避世，难道圣人德浊而麟凤德清吗？因此，麟凤不可能是由圣人之德感召而来，二者相遇与德无关。然而论述至此，王充似乎意识到了观点的危险，继而提出了“瑞应”之说来修补漏洞：“物生为瑞，人生为圣，同时俱然，时其长大，相逢遇矣。衰世亦有和气，和气时生圣人。圣人生于衰世，衰世时亦有凤、麟也。孔子生于周之末世，麒麟见于鲁之西泽。光武皇帝生于成、哀之际，凤皇集于济阳之地。圣人圣物，生于盛、衰世。圣王遭见圣物，犹吉命之人逢吉祥之类也，其实相遇，非相为出也。”[2] 王充的意思是：凤凰、麒麟也是由“和气”产生的，只要秉于“和气”，事物出现就是祥瑞，人物出现就是圣人，同时同理，等到他们长大后也就相遇了。衰世也有和气，衰世中的和气有时也产生圣人。圣人在衰世产生，衰世之中也不时会有凤凰、麒麟出现。孔子出生在周代的末世，麒麟就在鲁国的西泽出现。汉光武帝出生在西汉哀帝时，就有凤凰在济阳翔集。圣人圣物，生于衰世。圣王恰好出生，圣物恰好出现，遇到圣物，好比有好命的人遇上吉祥之物一样。他们是偶然相遇，并不是互相为了对方才产生出来的。这段话的主要观点，就是圣人与祥瑞齐出是偶然，但是二者又有共同的缘起：秉于和气而同生，故能相遇。

王充在《论衡》中讥讽祥瑞之物的神异性为虚妄愚昧，但是并未否定龙、凤、麒麟的存在，反而详尽地分析了它们被认

①黄晖：《论衡校释》（三），中华书局，1990，第741—742页。

②黄晖：《论衡校释》（三），中华书局，1990，第747页。

为神异之物的原因，并对其做了“唯物主义”的解释。作为神秘主义的批判者，王充对天人感应和谶纬学说嗤之以鼻，但是又提出“瑞应”的说法，其神秘成分和解释机制与天人感应并无二致，这如果不看作思想上的走回头路，也至少是一种妥协。究其原因，在于王充所面对的不仅是一个解释系统，还面对着由这种解释系统所建构的政权合法性。在一种知识范式内发起对这种范式的造反，已经是不可能的任务，何况造反的结果是将世间权力去神圣化，这是身在现实中的思想者所不敢僭越的。汉朝统治者岂能容忍解构皇权神圣性的举动，特别是具体到汉高祖、汉光武帝的神圣性。因此，曲折迂回地表达对天人感应的不满，继而抛出“瑞应”说来修补可能对权力者造成的损失，是思想家的生存策略；当思想涉及自身安危的时候，思想者是不会逾越雷池半步的。于是，知识范式或解释系统除了自身逻辑植根于权力之外，还受到权力的现实力量的直接保护，一种关于人、世界和灵异的系统观点被精心维护着，世界也就看起来按照这个观点不停地运转。

任何知识范式都显示着某个时代人类对世界的关切。凤凰尚不虚妄的时代，动物被整合进人类社会的模式，动物行为与人类道德以相似性的纽带联系在一起，道德为世界提供着一劳永逸但经不起深究的解释。但过多的文化符号塑造了光怪陆离的动物世界，动物本身的生物特征反而被忽视和扭曲了。这是人为的神秘性，是与对象本身无关的深度模式，而自然本身的丰富和博大被过量的道德符号淹没。当这一解释系统在历史中退场，过时的文化符号被清洗，动物们裸露在自然科学的凝视之下时，人们发现属于动物本身的知识居然所剩无几。今天看来，凤凰几乎就是一种完全被文化符号所建构的对象，当丧失了有效性的旧符号纷纷剥落之后，凤凰的形象轰然解体。这个由符号构造的凤凰所赖以存在的世界，是按照道德原则运行的，凤凰与这个道德世界相始终，道德世界的解体使作为其产物的凤凰归于虚妄。今人谈论的凤凰，就是过去的知识碎片，已经与它所属的解释系统一起被否定了。但作为被解释之物，凤凰毕竟有属于它自己的而不是仅属于某个解释系统的东西，旧的解释系统拒斥了它身上那些不能被道德化的部分，当前的知识系统则按照实证原则排斥它的一切。但历史记载中存在着凤凰尚未被旧范式所消化和识别的部分，如金章宗年间作为猛禽和王者出现的凤凰，《岭外代答》中提到的广西山中凤凰，等等。真实的凤凰驻足之处，可能藏在史料的蛛丝马迹中，在没有被官方话语、政治力量和道德比附沾染过的地方，在意识形态尚无暇顾及的字缝里，在野史狭窄的行距和民间无心的杂语中。

第二节　洞穴之影：图腾观念与怪力乱神

在天人之际，凤为祥瑞，像一个缥缈而华丽的符号。这个符号不会自我赋予意义，而是有赖于一个与它互相指涉的意义世界。作为祥瑞，凤凰不是自来如此，而是从一个漫长的图腾时代演化而来。据考古发现，远在距今约7800年的原始人类遗址中已有凤凰的形象。在对7000多年前至5000多年前的众多文化遗址的挖掘过程中，人们都发现了疑似凤凰图案，北到辽河平原，南到长江流域，西至甘陕，东到江浙，相隔万里的无数原始部落都在用凤凰的形象表达着什么。原初的凤凰，不是后世诸子百家明确的思想内容的构成物，它起源于人类心智还朦胧混沌的时代。人们置身山野草莽，经历风雨寒暑，天地之大，岁月之久，却不知身在何处，今夕何夕。他们狩猎采集，行止作息，多识草木鸟兽之名，但偶尔也会对眼前飞掠而过的缤纷翼影，感到不胜惊异和惶惑。在神话传说中，我们还能听到更古老的东西。凤凰带着太初亘古的光晕，其久远之不可追，在语言和意义之先，在人声喧嚣的尘世之先，更早于那些善假于物的机心、形象拼贴的巧智和向壁虚构的谋划。它是在宇宙洪荒中穿行的精灵，与万有共处，与虚无对视。彼时时空混沌，日月不明，无人的世界，漫漫寂寥，永无止期。其后天地有光，浮云万里，凤凰去而不返；海浪砰訇，山岛竦峙，众神匿于诸天。初民劳作之余，在陶器和骨器上凿刻它惊鸿一瞥的留影，在丝弦和竹笛上模拟它自歌自舞的清鸣。它似乎不属于人间的维度，而是逗留在不可通达的左近，只有在灵光一闪的时刻，它们的影子偶尔被思想照亮。人们察觉到它的存在，在玄鸟崇拜的晕眩里，在屈子《天问》的忧郁中。它诞生于原初之地，早于任何捏造。在人们捏造它之前，它应该早已目睹了人们被捏造的过程。

图腾时代的凤凰正是这种神一样的存在，是原始初民崇拜的对象。关于凤图腾的源头，国内学者意见不一，一种主流的观点认为凤凰的观念与东夷的鸟信仰有关。东夷原指伏羲氏后裔的一个部落族群，主要分布在今山东东部和江苏北部。根据《礼记·王制》的说法：“东曰夷、西曰戎、南曰蛮、北曰狄”，这一称谓显示出明显的华夏中心主义的天下观念。商朝属于东夷文化，其特征就是玄鸟（太阳）崇拜。经考古发现，古代东夷人的文化遗址里保存有大量的鸟形器物，或者在器物上绘有鸟形图案，如大汶口文化遗址出土的彩陶上绘有曲折纹和扭线纹，就是对飞鸟的形态的抽象模拟，龙山文化遗址中的鸟形玉饰及玉石器物上雕刻的鸟纹，是对鸟崇拜更直接的显示。因此，东夷人也被称为“鸟夷”，他们在服饰与行为上都极力模仿鸟。颜师古注《汉书·地理志》“鸟夷”曰：“此东北之夷，搏取鸟兽，食其肉而衣其皮也。一说，居在海曲，被服容止皆象鸟也。”[1] 东夷人以鸟为图腾，所崇奉的鸟类极多，

①《汉书》。

其中最尊贵的是燕子和凤。有很多学者认为燕子即玄鸟，是凤凰的原型，凤凰是燕子的神化形象。至今山东地区还保留着禁止伤害燕子的习俗。但凤凰与燕子形貌、气质迥异，观感上完全不同，凤图腾应该另有源头。

原始人的图腾观念包括图腾亲属、图腾祖先和图腾神等几种类型[①]。有学者指出这几种图腾类型是先后出现的，如何星亮在《中国图腾文化》中对它们的出现原因和次序进行了论述。笔者认为图腾亲属、图腾祖先和图腾神都是图腾赖以形成的心理动机，很难在时间上对它们进行排序，因此不如将其看作图腾形成过程中的共时性的心理要素。图腾亲属观念即把图腾动物都当作自己的血缘亲属来看待，予以保护，不得加害，人们还会模仿该图腾动物的习性。据说原始人的亲属观念与今人不同，除了人亲属，还有兽亲属，而且二者具有相同的血缘关系。如C. A. 托卡列夫等学者提到，澳大利亚土著民族几乎都认为自己与图腾动物具有特殊的亲属关系，并用“父亲”“兄长”等称呼它们[②]；列维－布留尔在《原始思维》中也提到托列斯海峡的氏族成员的图腾观念：“氏族的成员和图腾之间存在着……神秘的血缘。这是一个根深蒂固的观念，它显然具有基本的意义。他们不止一次地深信不疑地对我们说：‘奥古德（Augud）（图腾）就是亲族，它属于同一个家族。’因而在这里容许了氏族的人和动物的成员之间的某种身体和精神上的近似。无可怀疑，这种情感对氏族成员发生了作用，并迫使了它们依照自己图腾的传统性质而生活……例如，根据我们得到的材料来看，食火鸡、鳄鱼、蛇、鲨鱼……氏族是好战的；鹞鱼、海兔等氏族是爱好和平的……乌马亦（Umai）（犬）有时是和平的，有时是好战的，这实际上合乎犬的性情。”[③]这一资料描述了人对图腾动物的模仿，对其本能和自然天性的趋同意识，这些都可与《汉书·地理志》中描述东夷人“被服容止

①何星亮：《中国图腾文化》，中国社会科学出版社，1992，第56页。

②C. A. 托卡列夫等：《澳大利亚和大洋洲各族人民》（上册），李毅夫等译，三联书店，1980，第273—274页。

③列维－布留尔：《原始思维》，丁由译，商务印书馆，1985，第239页。

皆象鸟也”相互参照，也可以由此判断举止和服饰模仿鸟类的东夷人处在“图腾亲属”的心理状态之下。

以图腾动物为亲属的习俗，在某种意义上是基于原始人的安全心理，即原始人类为了在生活资料匮乏、猛兽环伺的环境里求生，既会采取积极抵御野兽侵害的手段，也会以消极幻想的方式，一厢情愿地认兽为亲，相信人兽之间会因此存在某种说不清道不明的感应关系，从此相安无事甚至受到图腾动物的保护。不同部落之间的通婚并因此化敌为友的事例想必不罕见，原始人将这一“情理”移植到人与动物的关系之间，也表明这一时期原始人思维之混沌，对人类社会和动物界的界线意识模糊。学者多认为图腾产生于旧石器时代中期，早期图腾崇拜的特点是主体（崇拜图腾的人）与客体（崇拜对象）都是以集体身份出现的，崇拜图腾的是一群人而非一个人，作为崇拜对象的动物是一类动物而非某一只动物，“亦即某一群体的所有成员把某一种动物的所有个体都当作亲属，并像亲属一样对待它们”[①]。原始人认为亲属之间的力量、智慧和经验等是可以互渗和交感的，这种似是而非的认识，经过认兽为亲的主观臆断，便获得了因果倒置的合理性：既为亲属，当然也就能获得与兽类的力量交感。这一逻辑今天看来牵强好笑，但原始人是认真的。虽然与图腾动物认了亲，原始人对动物的理解力及其对亲戚关系的认同程度还是不太放心。为了给对方加深印象，原始人就会打扮成图腾动物的模样，按照其习性行事，通过原始思维的“相似律”来达到沟通的目的。这可以看作人类试图把握世界的一种努力，通过建立起人与世界的想象性关系来赋予世界以秩序。

图腾祖先观念与图腾亲属观念相比，更多地脱离了原始人生活的直接现实，而凸显了追问自身起源和存在的意识。图腾祖先或为动物，或为植物，甚至是无生命之物。这一时期原始

①何星亮：《中国图腾文化》，中国社会科学出版社，1992，第59页。

巫术的早期形态出现，其特点是非人格化的超自然力巫术，人们信仰一种超自然的神秘力量，这种力量无名无姓，非神灵，它以某些客观物体为中介起作用，人们也可以通过附着这个力量的物体来获取和转移它。它不是崇拜对象，但可以被特殊人物，如巫师，所控制[1]。此后，随着神灵观念的出现，又产生了神灵巫术。神灵巫术中的神灵是将自然力加以神化和人格化的结果，人们试图通过向神灵祈求来控制自然。最初的神灵观念表现为万物有灵观，一般认为它产生于旧石器时代中期，万物有灵观促成了图腾祖先观念的出现。这可以看作在人与图腾物已经形成关系的“既成事实”之下，对该关系性质的一种深化认识，也可以解释为人试图与物建立图腾崇拜关系时采取的一种思路。而随着人类知识和心智的发展，以图腾物为祖先的观念会动摇并逐渐消失，人对图腾的精神需要却没有同步消失，于是一种新的角色——氏族保护神——代替了原先的祖先角色，图腾物被重新定位，开始向早期神话中的神灵转化。

万物有灵观念的出现大大激发了人们的想象力，人们开始相信万物皆有灵魂或自然精神，不是抽象的自然力而是作为精神实体的灵魂附着在一切事物之上，人可以通过控制灵魂来操纵物质。在某些原始人那里，灵魂还不止一个，如荣格在《人类及其象征》中提到：“许多原始人设想，人除了他自身的灵魂外还有一个‘丛林灵魂’，这种‘丛林灵魂’的化身是树木或野生动物”[2]，这一资料，也较好地解释了人以动物或植物为图腾的原因。在神灵巫术形态中既有原始神灵，也有原始灵怪。如萨满教认为，可见的世界充满影响生物体生活的不可见的力量、灵魂或神，“神是一般人类看不见而确实存在的一种具备万能力量的气雾形幻象实体”[3]，自然界的变化给人们带来的祸福，都是各种精灵、鬼魂和神灵意志的表现。按照萨满教的观念，火、山川、树木、日月星辰乃至雨雪霜雹和彩虹都

①高国藩：《中国巫术史》，上海三联书店，1999，第3页。

②卡尔·荣格：《人类及其象征》，张举文、库文荣译，辽宁教育出版社，1988，第5页。

③富育光：《萨满教与神话》，辽宁大学出版社，1990，第1页。

具有灵性，由属性和功能各不相同的神灵管理。人们相信，处于通灵状态下的萨满或者巫师可以“看到”鬼神，拥有与之沟通和传递信息的能力。当人类从野蛮走向文明，原始信仰演化为宗教信仰，原始神灵和灵怪才逐渐被宗教神以及各种神仙鬼怪才取代，遭到边缘化的巫术也与时俱进，演变为神仙鬼怪巫术。

在原始巫术的精神状态下，人们还会“看见”一些常人所看不见的东西，这也许是人类早期文化中的图腾的来源，以及人们对神、鬼、龙、凤以及各种灵兽和怪兽笃信不疑的原因。中国古代的传统巫觋信仰和东北亚地区的萨满教，都能给人展示一个神秘的超自然世界。就萨满教而言，按照学界的一种看法，萨满教不是创生的宗教，而是世界性的原生宗教。狭义的萨满教分布于东北亚操乌拉尔—阿尔泰语的人群中，广义的萨满教则遍布欧亚大陆北部和北美洲。作为文化精神，广义的萨满教是世界性的，是在人类的原始社会阶段自发产生的。萨满相当于古代社会中的巫觋。史前巫术普遍参与了人类的生产和生活，影响了人们观察和认识世界的方式，万物有灵的信念使自然事物都成为人可以与之发生精神交流的对象，萨满或巫术的出神、脱魂、附体等精神状态激发了各种幻视、幻听的生理和心理现象。对巫术或萨满的信仰，显然具有某种神秘的致幻作用，巫师或萨满伴随着音乐和咒语，会进入昏迷、痉挛、亢奋、舞蹈状态，这一系列表现是神灵附体的前兆。在神灵附体状态中，巫师神志不清，精神恍惚，如醉如痴。原始人类普遍相信，通过一系列的仪式操作，人的灵魂可以进入超自然世界，与神灵沟通。今天在巫觋文化和萨满教领域进行探索的研究者，大多数人承认附体、脱体、游魂等意识现象的真实存在，而且晚近的研究者已经抛弃了早期研究将萨满看作精神病态的观点，明确指出萨满是身心健康且具有超强的神经反应和肉体操控能力者[①]。这显示了一种直面问题的研究态度。

对于原始巫术所引发的意识现象，人类学家给出了文化学、社会学和心理学的解释，如美国的文化人类学家露丝·本尼迪克特用尼采的“酒神精神”和“日神精神”概念来解读北美印第安人文化中的理性和非理性因素，指出普韦布洛人的文化属于“日神文化”，而其他印第安人的文化中总有这样那样的“酒神文化”精神[②]；心理学家将萨满的昏迷称为“非常意识状态”“宗教或仪式意识状态”，其功能包括“神附体”“着迷”“神附信仰”，表现为神灵行为模仿、复制幻觉和梦幻经历，等等[③]；法国人类学家罗歇·巴斯蒂德和苏联人类学家C.A.托卡列夫则重视宗教出神体验中的社会压迫因素，反对从唯生物学角度来研究这一现象。可以看出，这些研究者都不否认萨满出神现象的真实性，但面对这一非同寻常的研究对象，很多学者仍在自己的知识系统中寻找解释的路径，希望通过对已知要素的排列组合，将研究对象还原为本知识系统中的固有之物；但是作为上述研究方法的理论基础之一的尼采思想，特别是“酒神精神”和“日神精神”的思想，对非理性意识和理性意识下的事物真实性问题采取了中立态度。从德国古典哲学以来的传统观点来看，无论是“趋向放纵之迫力”的醉境，还是“趋向幻觉之迫力”的梦境，都是现象世界中的景象，遮挡在我们和本体世界之间，它们并不具有作为唯物主义者的我们心目中的“物质”那样的本体地位。在现象界这张遮天蔽日的屏幕上，投射在古人眼中的既有山川棋布，星海扬波，又见龙飞凤舞，众神出没。像柏拉图的洞穴之喻一样，面对眼前的景象，我们不知它们是哪一个世界的投影，也不知照射它们的火光，是来自日神的圣殿还是酒神的祭坛？

已有的知识系统急于证伪那些不能证实的东西。它要么拒绝面对与现有知识相矛盾的问题，要么将问题转化为能被现代

①郭淑云：《中国北方民族萨满出神现象研究》，民族出版社，2007，第6页。

②露丝·本尼迪克特：《文化模式》，何锡章等译，华夏出版社，1987，第64页。

③郭淑云：《中国北方民族萨满出神现象研究》，民族出版社，2007，第4页。

知识接受的提问方式，从而实际上排除了问题本身。因此，现代知识总是拒绝承认一些现象存在，将其归之于虚谎，指其为捏造，或者认为主体心智有问题。比如下面这个案例：

> 夏侯综为安西参军，常见鬼骑马满道，与人无异。尝与人载行，忽牵人语，指道上有一小儿云：“此儿正须大病。”须臾，此儿果病，殆死。其母闻之诘综。综云：“无他，此儿向於道中掷涂，误中一鬼脚。鬼怒，故病汝儿尔。得以酒饭遗鬼，即差。”母如言，儿愈。[①]

①刘琦、梁国辅译注：《搜神记·搜神后记》，吉林文史出版社，1997，第 651 页。

此文引自托名东晋陶潜所撰《搜神后记》卷六。夏侯综能经常见到鬼骑马，充塞道路，并目睹鬼魂作祟。现代知识对它的解读，必须首先确立一个拒绝的态度。按其逻辑，只有在认定夏侯综的所见所历为幻觉、谎言或诡计的前提下，讨论才可能展开，绝不会承认其所见为真实。现代知识不认可鬼魂的存在，对灵异世界也缺少知识储备。“不认可”作为先在的立场，存在于展开研究之前，而研究必须遵循这一预设的立场行事，因此，答案一开始就写就了，研究不过是对预设立场的说明而已。相信巫术的群体则认为，在通灵意识状态下“见鬼”是经常发生的事，如案例中“掷涂中鬼脚”的事迹表达了这样一种看法：人与鬼神虽生活于不同的世界，但两个空间可以重叠，发生于现实世界的行为可以影响到鬼神世界。萨满教也相信萨满巫师通过脱体昏迷术，得以与超自然神灵相沟通，从而达到占卜和治病的目的。比如日本阿伊努人的萨满通过敲鼓进入恍惚状态，然后把侵入病体内的恶灵叫出来，使它转移到举行巫仪场所的附近地方或其他物体上去[②]。在民间巫术活动中，不难发现这类人与“鬼神”之间信息即时沟通，当场问答，指示吉凶的例子。种种千奇百怪，不免为识者所笑。笑当然意味着

②色音：《东北亚的萨满教》，中国社会科学出版社，1998，第 14 页。

对常识的熟稔，对人情事理的通达。但对于巫者和信巫者来说，他们也践行着一种常识和事理，只不过与我们所秉持的不同。

《说文解字》释“巫”：“巫，祝也。女，能事无形，以舞降神者也。”舞蹈是巫师沟通鬼神的重要手段，原始时代的巫术总是伴随着乐舞展开，据史载有雷公舞、凤凰舞、牛尾舞等，目的是通过舞蹈使人进入通灵状态，通神明，合天人。凤凰在这里与巫术仪式发生了某种关联，人们模仿凤凰的姿态和动作，“箫韶九成，凤凰来仪”，祈望和平与安宁。这里引发的一个值得思考的问题是：凤凰是以灵异之物的身份进入了巫术活动，还是从巫术中走出来的灵异之物？无论何种解释，都与现有的史料存在大量的冲突。前者将凤凰看作一只被神化了的鸟，一个被运用于巫术仪式的现实事物，但我们至今找不到现实中存在凤凰的证据；后者将凤凰视为人在巫术通灵状态中看到的奇异形象，视为与巫术迷狂状态相始终的幻视，但对照历史遗留的凤凰形象以及群体目击记录，又无法回答多人的幻视如何获得一致性的问题。作为一个灵异概念的凤凰，其本身的存在形态是跨越神俗两界的，只要我们还把巫术体验视为局限于个体精神世界内的现象，拒绝将其看作现实，现实与灵异的矛盾就无法解决。这正如荣格所指出的：“我不知道任何‘超现实’的东西，现实包含我所能知道的一切事物。……这种把现实局限为被我们的感官所知觉到的物质的具体的客观现实的做法，是由一种特殊的思维方式，即构成‘健全常识’的思维方式，以及我们的日常语言习惯造成的。……把世界限制为物质的现实，就从作为整体的现实中割去了相当大的部分，剩下的不过是一块碎片，围绕这一碎片的则是巨大的阴影。”[1] 所谓超现实事物，不过是我们很难找到它们的物质基础的那些现象，但它们显然是现实世界的一部分，只是出于基于物质性来

①卡尔·荣格：《荣格文集——让我们重返精神的家园》，冯川译，改革出版社，1997，第35页。

解释世界的思维方式，它们才被看作非现实和超现实的，关于科学和知识的固有认识，迫使我们将大量的现象排斥出研究的视野，这可以说是思维为了迎合方法而做出的削足适履之举。

考虑到巫术在原始人群中的普遍存在，以及凤凰形象在不同文化遗址中的广泛分布，笔者倾向于把某些凤凰现象看作巫术通灵（或萨满出神）状态下看到的景象。只有亲历而不是凭借想象，人们才会对眼前或观念中的某一对象笃信不疑，乃至奉为图腾；而巫术的意识状态与日常意识的边界并不总是清晰，才使得过去的人们把凤凰和其他灵异事物的景象视为现实。“子不语怪力乱神”，这一态度在中国古代得到普遍的肯定并非偶然，而是体现世界各民族的文化共性。泰勒在《原始文化》中提到：巫术是高级文明妄加给低级文明的魔法，人们对低级文明的成员既鄙视又恐惧，小心翼翼不去触怒他们，以免遭到巫术的报复。文明的发展增多了人们与世界打交道的手段，巫术所从属的思维方式被抛弃，但也因此保留了神秘性。“敬鬼神而远之”就是这种心理的写照，它体现了一种立足现世人生的现实主义态度。担当生前事，不计身后评，以现实的眼光、入世的态度思考和处理问题，将鬼神怪异之事排斥在视野之外、生活之外。文明越发展，这一态度越为更多人所接受。现代科学清扫了用实验手段不能加以实证的信念，将巫术通灵状态下的所见所闻归于虚妄，归于粗陋心智的臆想。这实际上等于将现象界视为事物本身，将对象在人的已知的认知能力面前敞开的内容等同于世界的全部属性。我们能否先悬置现有知识的标准，将巫术通灵和萨满出神看作一种与事物打交道的诚实的方式呢？能否对世界的可能性持一种开放态度，而不是步步为营去印证用已有知识写就的答案呢？如果本书的写作的目的之一，是对当下知识系统进行一次反省，那么，关于凤凰是否以某种形式真实存在的问题，以及人在巫术迷狂状态下所见是否虚妄的问题，笔者在此不预设任何结论。

荣格指出:“思想是现实的吗？按照这种思维方式，很可能只有当它涉及的是某些可以被感官知觉到的事物时，它才是现实的。如果不是这样，它就被认为是‘不现实的’‘想入非非的’‘虚幻的’……尽管事实上这只是一种哲学的偏见。思想，即使它并未涉及到有形的现实，它也始终是现实的。它甚至具有一种影响，否则也就没有人会注意到它。”[1] 今天的知识体系依据的是科学实证态度，在“世界是物质性的”这一信念下，为解释这个世界几乎已穷尽所能。科学把巫术迷狂中所看到的和经历的事物称为幻视和幻听，换言之，是人心的虚构；对于一般的科学认知不符的现象则视而不见，以避免与现有知识相冲突。于是，在不允许神迹发生的科学范式里，赋予了人心以神迹般的虚构能力，从而把无法解释的东西转变成不必解释的东西。一个危险的问题跟危险的思想一样，对知识范式来说是可怕的。当问题本身就快要触到了科学和常识的底线时，科学范式就会要求思想者在即将越界时踩下紧急刹车，从而化解掉知识范式的危机。无论如何，科学要求这个世界在物质领域中封闭自足，答案只能在已知项中寻找。但世间存在着无法知识化和中介化的知识，依赖于心之默会的个人知识。如巫术通灵者和萨满出神者的迷狂体验，具有主体的不可控性和活动内容的可重复性，迷狂中不乏反复出现的意象、神奇准确的预言和匪夷所思的治疗效果。然而这些多数只能由入神者独自体验。世上确实有些信念无法提供证据，有些知识无法言说，就像庄子所说的“口不能言，有数存于其间”，它只是“我知道”。这是无法还原为物证的“知道”，但它是“真相”本身，是郑人之足，是证据背后的内核，它们无法知识化和中介化。以往的科学研究对此无能为力，也不屑一顾。

①卡尔·荣格:《荣格文集——让我们重返精神的家园》，冯川译，改革出版社，1997，第36页。

当代科学发展为我们窥见传统研究领域之外的世界开启

了窗口。早在德国古典哲学时代，康德就从他开创的认识论转向开始了对人类认识活动的反省，他认为：知识不能直观，感性不能思维，二者结合才能产生知识。在康德看来，知识由外来的感觉材料和先天的知性形式（时间、空间和十二个知性范畴）构成。感觉材料、时间空间和知性范畴所构成的不仅是知识，也是现象界；现象界背后的本体，却是我们的知识无法触及的。现象界的景象如同柏拉图洞穴之喻中的洞壁光影，是由火光把实体的影子投射到我们眼前的洞壁上，而我们将其看作实体本身，并乐于谈论哪一个影像比另一个更真实。我们缺少的，是眼前一切皆为现象的日常意识。霍金在《大设计》一书中提到过一件趣事：意大利蒙扎市议会规定，禁止人们把金鱼养在弯曲的鱼缸里，因为金鱼在向外凝视时会得到歪曲的影像，让金鱼终生获得对歪曲的世界图像，这个做法是残酷的。对此，霍金问道：我们如何得知我们拥有的就是没有被歪曲的真实图像？“金鱼的实在图像和我们的不同，然而我们能肯定它比我们的更不真实吗？”[①] 霍金从认识方式出发对人们的常识做了反思：在鱼缸内，尽管金鱼可能把我们看到的直线物体看作曲线，但金鱼可以从它们变形的参考系中表述科学定律。这些定律同样总是成立的，因此我们只好承认金鱼看到的是一个正确的图像。根据现象探讨认识的真假，在某一知识的范式内固然是对的，但问题出在范式本身。该范式不是唯一的，范式内的真实不等于事物本身的真实。

①史蒂芬·霍金、列纳德·蒙洛迪诺：《大设计》，湖南科学技术出版社，2011，第31页。

从金鱼的例子，霍金将问题引申到不同知识范式的比较上，指出：“那么，托勒密系统和哥白尼系统，哪个是真实的？尽管人们时常说哥白尼证明了托勒密是错的，但那不是真的。正如在我们的正常观点和金鱼的观点相比较的情形，人们可以利用任一种图像作为宇宙的模型，对于我们天空之观测，既可从假定地球处于静止，也可从假定太阳处于静止得到解释。尽管哥白尼的系统在有关我们宇宙本性的哲学辩论中的作用很大，然而它的真正优势是在太阳处在静止的坐标系中运动方程要简单得多。”[①] 在霍金看来，两种解释模型无正误之分，在解释宇宙的问题方面同样有效。而实在（即宇宙）“不过是一套自洽的和观测对应的图景、模型或者理论”，换言之，一套有效的理论与一种实在的展开方式相契合，并不存在一种本真的宇宙模式，“宇宙和万物的演化并不经历一个历史，它们经历所有可能的历史”[②]，这是因为宇宙可能与无穷多的认识模式相契合，因此也具有无穷的可能，而我们恰好经历着其中一种。举例来说，如果我是一个能穿透一切的中微子，那么在我的模型里，整个宇宙空空如也，物质实体和空间一样，都不构成我穿越的障碍。世界之所以如此，是我的观测、我的解释模型决定的。

人类所处的宇宙模型是四维宇宙，而当代物理学的最新观点——M 理论——认为，宇宙的维度多达十一维，四维之外那些额外的维度是处在蜷曲状态的[③]。我们所认为的铁一般的事实，不过是在这个四维世界为参照系的背景下才成立。霍金说：“事实上，在某种情形下，单独的物体甚至并没有独立的存在，而仅作为众多的系统的部分而存在。而且如果一种称为全息原理的理论被证明是正确的，我们以及我们的四维世界可能是一个更大的五维时空在边界上的影子。在那种情形下，我们在宇宙中的地位类似于金鱼的状况。”[④] 有人做过一个比喻：蚂蚁是一种二维动物，只能前后左右移动，它虽然可以上树、钻洞，但无所谓上下高低。虽然存在着第三维度（高）的空间，但蚂蚁认识不到。处在高维度状态的我们，可以观察蚂蚁的世界，但处在低维度的蚂蚁却无法观察我们。同样，我们的世界是由四维构成的（三个空间维，一个时间维），我们无法觉察到四维之外的其他维度。我们以往的科学知识是以我

①史蒂芬·霍金、列纳德·蒙洛迪诺：《大设计》，湖南科学技术出版社，2011，第 34 页。

②史蒂芬·霍金、列纳德·蒙洛迪诺：《大设计》，湖南科学技术出版社，2011，第 1 页。

③史蒂芬·霍金、列纳德·蒙洛迪诺：《大设计》，湖南科学技术出版社，2011， 第 101-102 页。

④史蒂芬·霍金、列纳德·蒙洛迪诺：《大设计》，湖南科学技术出版社，2011，第 37 页。

们的空间为基础建构的，我们所排斥的那些“不科学”“不可能”的现象和观点，也许恰恰是高维度空间里的常态。高维度空间里的事物会凭借特殊的契机，以特殊的形态在低维度空间显现，就像我们用一根手指挡住蚂蚁的去路；对它们而言，平面的世界多了一道褶皱。当我们拿开手指，这道褶皱就凭空消失，这是在蚂蚁世界里找不到原因的事件，于是作为奇迹被记录下来——如果它们有思想的话，就会将眼前这个以三维立体形式存在的手指纳入到自己二维世界的解释系统中去，这大概就像我们从物质世界的科学出发，解释各种神秘的或灵异的现象一样。

从高维世界观看低维空间的生命活动，就像我们观看蚂蚁一样，而不必担心被对方观看到，第三维对它们而言是关闭的。它们能看到的，不过是按照自己的空间意识所理解的褶皱，除非它们能摆脱自己固有的空间意识。那么，人能超越自己的空间意识及其知识吗？不考虑空间本身可能出现的变化状况，单就人的心理经验来说，巫术仪式中的通灵和萨满教的入神，扶乩和占卜的仪式操作，乃至生活中一些奇异的梦境，都会让人类窥见一个“扭曲”的世界，一个不同的现实。它们是臆想中产生的幻觉，但幻觉未必就是由人的大脑捏造的荒诞之物，也未必是失常病态的心理谵妄。现代知识所贬斥的所谓“封建迷信活动”固然有其愚昧、落后以及欺骗性的一面，但作为数千年历久不衰的文化传统，勤劳智慧的劳动人民从不缺乏实践的智慧，何以在区分真实与虚妄的问题上长期陷于不智境地？巫术、萨满、扶乩、图谶之类活动，除了发挥特定的社会文化功能和心理安慰效果，在效验性和说服力方面也许有值得重新看待之处。实际上，在对我们生活的世界抱有空间维度的意识的前提下，对一些我们过去嗤之以鼻的现象，可以以新的科学眼光来看待。如巫术通灵程式的可重复性、萨满教幻觉内容与祈愿的匹配性、扶乩占卜预言的效验性究竟如何等问题，都是有待以实证的态度重新审视的，而不宜轻率地将其归结为愚昧或欺骗。它们也许是某种人们尚不知其所以然的、精神性的“看见”和“听见”。

一种特殊的精神状况可能会使人中断日常意识，摆脱四维世界的常识的缠绕，将成见和习见清空，从而触摸某种不同的认识模式中的世界，或凝视某个高维空间的影像。柏拉图将迷狂看作神灵凭附，这种古老的观点对今天的我们不无启示。我们甚至可以大胆假设：迷狂中的幻视幻听，也许正是来自高维度空间的投影。增加的维度就如同万花筒中的棱镜，使影像蓦然展现出倍增的美丽，仙山、琼岛、天乐、凤凰，都是随着高维度展开而呈现的动人画面。当我们敞开灵魂的视觉，就看到了“上界”的至境，仿佛那只在平面上爬行的蚂蚁突然抬起了头，仰望天空和星辰，一瞬间迷醉于彼岸的神迹。

第四章

凤文：中国文学中的凤凰意象

凤凰神异缥缈，介乎虚实之间，与精神世界接近，与实在世界相远。在中国数千年的历史中，凤凰一直作为文化符号，参与观念世界、生活世界和生活样式的建构。它天然适合承载天道神命，寄托意绪情思，表达超越世俗生活的意涵。凤凰自远古以来具有的原始图腾信仰意义，通过原始宗教的入神状态与迷狂中的非理性体验，与初民的混沌心智相始终。随着蒙昧时代的终结，不可言说的神秘性在人声鼎沸的日常生活中逐渐消泯，凤凰的遗蜕中填满了世俗文化的象征物。它已被抽空了精神，置换了内容。

在中国古代文学中，凤凰是一个被广泛运用的意象，用今天的话说，它是一个类似“诗和远方”的东西，不在此处，不可抵达，值得追寻，令人神往。在先秦典籍里，它洋溢着非人间的气息，传达上天谕旨，预示人间祸福。国祚昌盛时，百兽率舞，有凤来仪；邦国无道时，凤凰远遁，不应祈禳。只是随着神的世界消退，人的时代来临，凤凰逐渐成为传说，原始信仰变成了世俗观念的装饰物。

凤的形象最早见于新石器时代文物的图案中[①]，史前龙山文化中已出现了代表“凤”的文字符号[②]。文明草创时代的凤

①史前文物如高庙文化遗址出土的凤鸟纹陶片、仰韶文化遗址出土的凤纹陶器、河姆渡文化遗址出土的“双鸟朝阳”图案等，当代研究者多以为是图腾崇拜或灵物崇拜的标志。但这类图案究竟是凤还是鸟，尚无定论。

②庞进：《中国祥瑞·凤凰》，陕西人民出版社，2012，第 53 页。

凰，应该是以原始部落或氏族的巫术礼仪和图腾崇拜为主要内容的一个精神标志。闻一多先生认为：

> 就最早的意义说，龙与凤代表着我们古代民族中最基本的两个单元——夏民族与殷民族，因为在“鲧死……化为黄龙，是用出禹”和“天命玄鸟（即凤），降而生商”两个神话中，我们依稀看出，龙是原始夏人的图腾，凤是原始殷人的图腾[①]。

①闻一多：《神话与诗》，上海人民出版社，2005，第58页。

闻一多解释说，这里所指的是原始夏人和原始殷人，图腾是远在夏代和殷代之前的一种制度兼信仰。我们难以确知远古时代凤凰包含了哪些神秘的原始宗教和图腾意义，但在中国古代文学的滥觞期即西周至春秋战国时期，《竹书纪年》《尚书》《诗经》和《离骚》等历史文献和文学作品为我们展示了大量的凤凰意象，呈现出凤凰在世俗生活中的较为清晰的文化意义和观念内涵。如《诗经·大雅·卷阿》写道：

> 凤凰于飞，翙翙其羽，亦集爰止。蔼蔼王多吉士，维君子使，媚于天子。凤凰于飞，翙翙其羽，亦傅于天。蔼蔼王多吉人，维君子命，媚于庶人。凤凰鸣矣，于彼高冈。梧桐生矣，于彼朝阳。菶菶萋萋，雍雍喈喈。

《毛诗正义》解释道：

> 凤，灵鸟，仁瑞也。雄曰凤，雌曰皇。翙翙，羽声也。亦，与众鸟也。众鸟慕凤皇而来，传凤皇至众多，是凤与群飞。[②]

②李学勤主编《十三经注疏·毛诗正义》，北京大学出版社，1999，第1133页。

屈原在《离骚》中也描述了凤凰：

鸾皇为余先戒兮，雷师告余以未具。吾令凤鸟飞腾兮，继之以日夜。飘风屯其相离兮，帅云霓而来御。纷总总其离合兮，斑陆离其上下。

在中国古代文学作品中，凤凰意象主要承担着比兴、比喻、象征之类的修辞功能，作品借其讲述的是人间的事理，现实生活内涵更加浓厚，凤凰的存在问题被悬置，它只是被借来增加文学篇章的含蓄和华美，文学修辞和文化审美的意蕴开始凸显，《诗经》中的凤凰即如此。然而也有为数不多的作品似乎基于人与凤凰的某种神秘际遇，以心灵的直观激发飞腾动荡的诗情，成为凤凰意象的神秘之美的来源，楚辞中的凤凰即如此。

第一节　比兴与原型：先秦文学中的凤凰

凤凰呈示祥瑞，是原始宗教观念中的内容。进入文学领域之后，祥瑞成为凤凰意象的固有含义，于是，凤凰意象也就被运用于关乎天下吉祥、国运昌盛、神明佑护、王权威仪等语境的篇章之中。不独凤凰，各种带有原始观念残余的意象，都从形态、意蕴和修辞等诸多方面不断丰富着文学传统的建构。只不过，这些观念多通过语言文字形态得以传播，成为“为学日益”的可言传知识，而不再通过宗教仪式诉诸人的心理体验。闻一多先生曾言：

三百篇中以鸟起兴者，不可胜计。其基本观点，疑亦导源于图腾。歌谣中称鸟者，在歌者之心里。最初本只自视为鸟，非假鸟以为喻也。假鸟为喻，但为一种修辞术；自视为鸟，则图腾意识之残余。历时愈久，图腾意识愈淡，而修辞意味愈浓。[1]

①闻一多：《闻一多全集》，开明书店，1948，第107页。

这一见解可谓深刻。凤凰意象那古老的源头、复杂的情结、隐秘的心理体验被淡忘，取而代之的是显意识下的理性内容，在文学创作中，凤凰等意象的使用也就成为可以学习和传承的修辞术。诗歌意象与其审美效果之间的关联被文学研究者深入地揭示，但这一揭示往往止步于显意识层面：意象与情感的相关性是约定俗成的惯例，而"相关性何以建立"则不被深究。

英国学者爱德华·泰勒在其《原始文化》一书中指出："巫术是建立在联想之上而以人类的智慧为基础的一种能力，但是在相当大的程度上，同样也是以人类的愚蠢为基础的一种能力。这是我们理解魔法的关键。人早在低级智力状态中就学会了在思想中把那些他发现了彼此之间的实际联系的事物结合起来。但是，以后他就曲解了这种联系，得出了错误的结论。联想当然是以实际上的同样联系为前提的，以此为指导，他就力求用这种方式来发现、预言和引出事变，而这种方法，正如我们现在所看到的这种，具有纯粹幻想的性质。"[2] 从这一认识看来，作为思维形式的联想的原始思维基础是巫术思维，后者能把握事物之间的联系，却不能把握本质的、必然的联系，而将二者混为一谈。这种处在较低阶段的思维能力却无意中开发了文学艺术的想象力，令诗歌意象纷呈，读来心神摇曳，但深究其理却迷惑不解。

②爱德华·泰勒：《原始文化》（重译本），连树声译，广西师范大学出版社，2005，第93页。

当代有学者如赵沛霖先生认为，《诗经》中的起兴手法与图腾崇拜的观念内容相关，如思念宗族故国、祖先父母的诗篇多以鸟类为"他物"起兴，讽咏男女私情合欢者多以鱼类为"他物”起兴，表现社树祭祀活动的多以树木意象起兴，而以虚拟动物如龙凤麟等起兴的诗歌多与祥瑞观念有关[①]。在以凤凰起兴的诗歌中，如前述《大雅・卷阿》，主旨是康公劝诫成王兴起善端，修养德性，求贤用士，以期增强国力，使四方宾服。“凤凰鸣矣，于彼高冈。梧桐生矣，于彼朝阳。菶菶萋萋，雍雍喈喈。”在起兴手法中的“他物”（凤凰、梧桐）与所咏之物（贤士、国君）之间，“有一种难于从道理上解释的神秘联系……这种联系也以一定的思想观念为基础，它的根源可以上溯到久远的历史时代。”[②] 在现存《诗经》三百零五篇中，专咏凤凰的仅有《卷阿》一篇，另外在《荀子・解蔽篇》中还记载了一篇逸诗，“凤凰秋秋，其翼若干，其声若箫，有凤有凰，乐帝之心。”[③]《卷阿》中凤凰以比兴的形式出现，不仅唤起特定的氛围和情绪，助力相关的人、事、物、理出场，还为之赋予一定的形而上意味。凤凰意象在这里的内涵并不分明，却犹如一件信物，让诗歌中的情与理有了某种心理支持。

对于口头诗歌创作的时代，我们很难想象那时的诗人有诗法、诗艺的自觉，选取彼物言此物，应是个心口相应、不谋而得的过程。古人所谓即景会心，迁想妙得，是对创作心理的事后描述，并非先行的理论指导。那么诗歌比兴的心理根据是什么，这是个看似简单实则难解的问题。张节末在《比兴美学》中提出“类”和“比类”的观点，认为“类”是先秦古人思维的基本方法论，其逻辑形式是归类与推类。归类即分类，推类即按照类的标准进行推理，以类取，以类予[④]。因此，表面看来，比兴是将个别事物与个别事物进行类比，实际上背后有一个类的概念作为中介。但是“类”何以为“类”，古人与今人的观念并不相同。张节末举例：“鸣鹤在阴，其子和之。我有好爵，吾与尔靡之。”“绥绥白狐，九尾庞庞。成子家室，乃都攸昌。”这两个作品中的比兴何以成立，都难以用今天的理论

①赵沛霖：《兴的源起：历史积淀与诗歌艺术》，中国社会科学出版社，1987。

②赵沛霖：《兴的源起：历史积淀与诗歌艺术》，中国社会科学出版社，1987，第 51 页。

③王先谦：《荀子集解》，沈啸寰、王星贤整理，中华书局，2012，第 377 页。

④张节末：《比兴美学》，浙江大学出版社，2020，第 3—4 页。

解释，因为“这是中国古人原始的比兴经验，是上古中国人非理性的比类世界观和认识论的产物，……其要旨在于自然和人事的并置，……在并置结构的基础上，比兴逐步诞生。”[①]。张节末指出，正是通过比兴，古人将世界理解为一个有规律、具德性、感知中可亲的统一体。《周易》爻辞和《诗经》经常将自然事物与人事并列，使之产生意义上的比类关系，这一现象可称为并置。并置的前提，在于周代的人的宇宙观取代了商代的神性宇宙观，消泯了万物的神性，使高居人世之上的有灵万物得以与人平列、比附[②]。这一观点对于认识诗歌比兴中的凤凰意象富于启发性：凤凰比于人事而尚存形而上意味者，可视为神性自然观之残余。

①张节末：《比兴美学》，浙江大学出版社，2020，第7页。

②张节末：《比兴美学》，浙江大学出版社，2020年。

荣格曾区分两种文学创作模式：心理型和幻觉型。心理型的文学创作呈现的是显意识中的现实生活和情感：

> ……我想把艺术创作的一种模式叫作“心理的”，而把另一种模式叫作“幻觉的”。心理的模式加工的素材来自人的意识领域，例如人生的教训、情感的震惊、激情的体验，以及人类普遍命运的危机，这一切便构成了人的意识生活，尤其是他的情感生活。……诗人的工作是解释和说明意识的内容，解释和说明人类生活的必然经验及其永恒循环往复的悲哀与欢乐。[③]

③卡尔·荣格：《心理学与文学》，冯川、苏克译，生活·读书·新知三联书店，1987，第127—128页。

荣格认为，这一类作品“来自人类意识经验的广阔领域，来自生动的生活前景”，它所展现的经验及其艺术形式都是可以理解的，哪怕其表现的经验是非理性的，也是那些为人们所熟知的东西（当然，也仅仅是知其然的东西——笔者），其效果被作者的意图所限制。《诗经》以凤凰比兴人事，展示的都是现实生活的意识经验，有明确的修辞意图，有约定俗成的文化内涵和情感定式，显然属于“心理型”写作。

而对于幻觉型的创作模式，荣格以《浮士德》的第一部分和第二部分的对比来加以揭示：

> 《浮士德》第一部分和第二部分的深刻区别，标志出艺术创作的心理模式和幻觉模式之间的区别。后者的情形与前者的情形恰恰相反，这里为艺术表现提供素材的经验已不再为人们所熟悉。这是来自人类心灵深处的某种陌生的东西，它仿佛来自人类史前时代的深渊，又仿佛来自光明与黑暗对照的超人世界。这是一种超越了人类理解力的原始经验……怪异无谓的事件所产生的骚动的幻象，在各方面都超越了人的情感和理解所能掌握的范围，它对艺术家的能力提出了各种各样的要求，唯独不需要来自日常生活的经验。日常生活经验不可能撕去宇宙秩序的帷幕，不可能超越人类可能性的界域，因此，无论它可能对个人产生多大的震惊，仍能随时符合艺术的要求。然而原始经验却把上面画着一个秩序井然的世界的帷幕，从上到下地撕裂开来，使我们能对那尚未形成的事物的无底深渊给予一瞥。这究竟是另一世界的幻觉，是黑暗灵魂的梦魇，还是人类精神发端的影像？所有这些我们既不能肯定也不能否定。[①]

①卡尔·荣格：《心理学与文学》，冯川、苏克译，生活·读书·新知三联书店，1987，第128—129页。

在荣格看来，幻觉型创作模式涉及集体无意识领域，作家被扎根于人心中的有生命的东西——即“自主情结”所控制，自主情结作为一种强大的精神力量、内在的无上权威，操控作家的自我去完成自己的目标。此时作家并不按照自己的意志进行创作，而是被“异己的”意志左右，这个异己之物就是集体无意识，它是一种代代相传的无数同类经验在某一种族全体成员心理上的沉淀物，是祖先生命的残留，它包含了原始初民对自然的认知、对宇宙人生的态度、对人类自身存在的体验。在它的主宰下，作品显现的是超越个人的东西：超越个人的理解力，超越作家的自觉意识，作品不再是被主观意图所计划安排的东西，意象也不再是“由于理性对意义的饥渴而暗中塞给事物的阐释”[①]，正是基于此，我们才可以认为艺术像自然一样不必有意义，不必“意味着”自身之外的任何东西。

①卡尔·荣格：《心理学与文学》，冯川、苏克译，生活·读书·新知三联书店，1987，第117页。

然而，心理型与幻觉型的作品并不总是可以一目了然地区分，我们甚至不知道作家在创作时，作品的哪一部分是在幻觉状态下完成的，哪一部分又体现着作家的人生经验和艺术匠心；同时，我们也难免对幻觉型作品进行“心理型”的解读和阐释。所以笔者认为，在同一部作品中，“幻觉”模式与“心理”模式的精神机制可能是并存的，差异只在于何种机制在某时某地占据优势。在日常生活中，集体无意识甚至可能像个人无意识一样通过口误、笔误、梦境等现象流露出来。可以推想，对于在清醒意识下的写作仍可以做心理原型方面的分析。只不过在文学批评中，这种分析活动本身就是“心理”化的，要求通过清醒的理性揭示事物之间的关联，包括用理性的语言描述幻觉与现实的关联，这本身就是对幻觉的祛除，是理性对迷狂的收编。理性的生活导致了对原始经验的遗忘，我们要么只能发现事物间可以给出合理解释的关联，要么“合理”地解释一切关联。

合理性是文学的基本规定性之一，这一观念可以追溯到亚里士多德的思想，但原始的人类精神活动并不遵循这一规定。在原始人类普遍具有的泛灵观念和诗性思维中，一切自然事物都具有灵性，万物之间存在着神秘的沟通，人与人、人与自然、自然事物之间会因为“相似”关系和“触染”关系，发生不可思议的联结。随着人们学会用理性审视一切，人们也就学会了从切身体验中跳出来审视这个体验，给出了条分缕析的阐释，而体验事物的精神活动方式却分崩离析，继而被遗忘。混沌本自在，日凿一窍而混沌死。

如前所述，在《诗经·大雅·卷阿》中呈现的凤凰意象出于心理型的创作模式。凤凰得以通过比兴象征人事，其心理基础是自然与人事的比类关系。这种比类关系与福柯所说的“相似性”概念也极为接近。从今天的知识视角看来，从事物间的相似关系出发，将事物相互关联并寻求规律，是人类知识生产的一种古老的范式。亚里士多德曾提出了三大联想律：相似律、接近律和对比律。1748 年，休谟最初提出联想的形成有三个法则，即相似律、时空接近律和因果律。后来基于怀疑论哲学的原则，休谟删除了因果律，将其归并到接近律之中。19 世纪，穆勒提出联想四法则：相似律、接近律、对比律和不可分律，统称四大联想律。其中，前三者又统称三大联想律。从思维特点来看，联想作为人类思维的规律之一，实际上有着原始思维的心理根源：在理性意识下不相关联的事物，在集体无意识中却可能是混沌一体的，它们源于原始人类共有的观察世界的方式。这种原始的心理关联性构成了文学比兴、隐喻、象征等修辞手段的心理基础；正是这一心理机制，使凤凰与人类生活的诸多方面形成了关联，成为一个自身的存在模糊不清却饱含观念内容的意味丰富的文学意象。

福柯在《词与物》中论述道：

> 直到 16 世纪末，相似性在西方文化知识中一直起着创建者的作用。正是相似性才主要地引导着文本的注解和阐释；正是相似性才组织着符号的运作，使人类知晓许多可见和不可见的事物，并引导着表象事物的艺术。宇宙被折叠起来了：地球重复着天空，人们的面孔被反映在星星中，植物把种种对人有用的秘密掩藏在自己的茎干里。[①]

①米歇尔·福柯：《词与物》，莫伟民译，上海三联书店，2001，第 24 页。

福柯所谓的“相似性”包括四种类型：“适合”（或译“近似”）“仿效”“类推”以及“交感”（或译“心似”）。

所谓“适合”，是指这种知识相信，事物之间的接触或处所的临近所带来的事物间性状的相似：

> 它们彼此充分靠近……它们的边界彼此接触，它们的边缘彼此混合，一物的末端意味着另一物的开头。以此方式运动，还有影响、激情和属性，都相互传递着。[1]

①米歇尔·福柯：《词与物》，莫伟民译，上海三联书店，2001，第24页。

这种相似性所引起的心理反应，类似心理学中的“接近联想”，《诗经》比兴中，由“蒹葭苍苍”的水岸想起“所谓伊人”的处所，是也。所谓“仿效”，是指：

> 一种不受位置律束缚的“契合”，并能够静止地在远处起作用。……在仿效中，存在着某种映像和镜子，它是散布在世界上的物借以能彼此应答的工具。从远处看，人的脸与天空相仿，恰如人的理智是上帝智慧的不完美的反映一样，同样，人的两只眼，以及它们的有限的明亮，是太阳和月亮撒播在天空中的巨大的照明的反映……[2]

②米歇尔·福柯：《词与物》，莫伟民译，上海三联书店，2001，第26—27页。

“仿效”超越了空间距离，使事物之间由于某种形式上的相似而发生关联并相互影响，它与弗雷泽在《金枝》中所提到的原始人的交感巫术原理之一的“相似律”意义相近，《诗经》比兴中，由“关关雎鸠”的和鸣想起“君子好逑”之嘉会，是也。

“类推”则兼具“适合”与“仿效”的特点：

类似于仿效，类推确保穿越空间的相似性神奇地相对抗；但是，类似于适合，它也谈及配合、联系和结合。类推的力量是巨大的，因为它所处理的相似性并不是事物本身之间的可见的实体的相似性；他们只需是微妙的关系的相似性。[1]

①米歇尔·福柯：《词与物》，莫伟民译，上海三联书店，2001，第 29 页。

类推的心理效果接近于心理学中的“关系联想”，即事物之间通过多样而宽泛的关系而发生联结。《诗经》比兴中，从“参差荇菜，左右流之”的采撷到“窈窕淑女，寤寐求之”的求取，是也。

“交感”，又译为“心似”，是一种心理上的流动性原则，主观的“人同此心，心同此理”意义上的相似。简言之，人们用同样的心理去揣度不同的现象，主观地认为这些现象遵循同样的规律或原则，人们也用同一套语言去描述这些现象。这种流动性实际上是一种移情。

它驱使根伸向水，它使向日葵的巨大的黄色花盘随着太阳曲线转动[2]。

②米歇尔·福柯：《词与物》，莫伟民译，上海三联书店，2001，第 32 页。

这个世界就形成了这么一种因需要产生的流动关系，整个宇宙也就构成了一个统一整体，在这个整体中语言中的词标示事物，词与事物相统一。交感没有确定的法则，自由自在地在宇宙间发挥作用。福柯举例说，在葬礼上使用的纪念死者的月季花，“这些花只是因为与死亡接近，就使得所有闻到其味道的人感到悲伤和憔悴”。而在《诗经》比兴中，从“桃之夭夭，灼灼其华”之美艳引申到“之子于归，宜其室家”的淑德，庶几近于交感矣。

相似性的这四个方面内容，都为中国古代诗歌中的比兴手法提供着心理学支持。

从《诗经·大雅·卷阿》中以凤凰起兴的诗歌来看，凤凰作为“先言”的“他事”与诗歌“所咏之事”之间，有着明显的内容上的关联，如前述赵沛霖先生所言，鸟意象与崇拜观念、鱼意象与生殖观念、树与祭祀观念、虚拟动物与祥瑞观念的联系，与古代生活中约定俗成的文化内容有关。这样的分析是把作品当作心理型模式作品加以分析，意象与情感、观念的关联有清晰的现实依据。但除此之外，比兴的两造之间的关联还有虚化的、形式性的一面，它未必关涉明确的、稳定的观念内容，而可能仅仅具有宽泛的、主观的、情感的甚至偶然的联系，通过创作者心理层面上的某种联想，使二者被赋予了说不清道不明的相似性、相关性。比兴中他物与所咏之物的关系既可能是公共的、文化的，也可能是个人的、偶发情感的。但在某些情况下，个人化的偶然的关联会随着杰出作品的传播而成为共享的文化内容的一部分，成为后世创作者所遵循的联想惯例。比兴的彼物和此物之间的联系，可笼统归入福柯所谓的“相似性”，其表现既有近似、仿效，又有类推和交感。因此，与其说《诗经》中的比兴是作为自觉的修辞手法对所咏之物进行提示，将读者带入相应的抒情氛围，不如说古代质朴的诗歌创作方式自然流露了联想的思维过程。而诗歌又将比兴的关联固定下来，成为一种文学典故，意象也就成了托物起兴、赋诗言志等现象中具有稳定的文化内涵的符号。

《楚辞》对中国后世文学的影响同样巨大。楚地多巫风，重淫祀，人神杂糅的思想文化有深远的影响力。楚文化充满光怪陆离的原始巫觋色彩，范文澜先生指出：

> 楚国的传统文化是巫官文化，民间盛行巫风，祭祀鬼神必用巫歌。《九歌》就是巫师祭神的歌曲。[①]

①范文澜：《中国通史》，人民出版社，1978，第263页。

屈原的创作正是在这样的文化氛围中形成的，《楚辞》雄奇瑰丽，它所展示的世界中神怪出没，龙飞凤舞。楚人崇凤，以凤为图腾的原始崇拜习俗源于何时，已久远不可考。据《史记·楚世家》和《国语·郑语》认为，楚人是祝融的后裔；又据《白虎通·五行篇》载："祝融者，属续。其精为鸟，离为鸾。"[①]

①陈立：《新编诸子集成·白虎通疏证》上册，吴则虞点校，中华书局，2007，第177页。

意思是祝融这个名字中"祝"为"属"之义，"融"为"续"之义，合起来表示能属续三皇之道而行之；其精魄是朱鸟，是因为鸾鸟是离火的标志。南方属火，火为离，其形象为鸾。朱鸟或作朱雀，有论者谓其非凤，但据《淮南子·天文训》："其兽朱鸟"注："朱鸟，朱雀也。"《后汉书·章帝纪》注："鸾鸟者，赤神之精，凤皇之佐，鸡身赤尾，色赤，被五彩，鸣中五音。"朱鸟、朱雀、鸾在这里同义，而鸾又指青色凤凰，故而可将朱鸟看作凤凰之属。朱鸟为祝融之精魄，可见楚人对凤凰的崇奉与祖先崇拜的意识密不可分。在一些学者看来，《楚辞》的神话色彩源自楚文化中的太阳崇拜——鸟神崇拜，这一信仰不仅存在于楚文化，而且几乎遍及太平洋沿岸的各原始文明，涵盖了日本、东南亚和南北美洲的原始人群。萧兵在《楚辞与神话》中指出：

> 太阳崇拜是我国东方—南方沿海地带上古文化的重要特色，它和太平洋文化区形形色色的太阳崇拜有千丝万缕的联系。《楚辞》里潜在着一个太阳崇拜系统。……夷人不但崇拜太阳，而且以鸟为图腾，崇拜鸟神。鸟神崇拜与太阳崇拜的有机叠合是中国海—太平洋文化的重要特征。这在中国南方的楚文化、越文化、濮文化里都有鲜明反映。三足乌、阳离或玄鸟都曾被移入太阳。[②]

②萧兵：《楚辞与神话》，江苏古籍出版社，1986，第4—5页。

因为凤凰在楚文化中占据着相当重要的位置，在《楚辞》中，凤凰的出现也远比《诗经》中频繁。

《楚辞》有浓厚的巫文化痕迹，其中有大量的篇目涉及远古的巫术仪式，《离骚》在体例、意象和用语方面都带有祭歌的特点，《九歌》诸篇大都是在楚巫祭祀歌舞的基础上改写而来，《招魂》《大招》中“魂兮归来”“魂乎归来”的句式，则直接是民间巫术招魂的套语，朱熹评其为“遂因国俗，托帝命，假巫语以招之。”[①] 在一些学者看来，屈原本人就是一个巫官，多年来已有诸多论著对此提出旁证，如姜亮夫在《中国历代著名文学家评传》的《屈原》一章中认为：

①朱熹：《楚辞集注》，上海古籍出版社、安徽教育出版社，蒋立甫校点，2001，第129页。

> 因为左徒（莫敖）与令尹、司马是三圭重侯，正是国之重臣，决非左右拾遗之可比。这又可能与楚之宗教术语有关，而又是世职，似乎有点与社会史上所谓的祭司长之类相似，是参国事的三巨头（军长、政长、宗教长）。祭司长是个决策者，与后世史职相似，总起来看是巫与史合流的人，所以屈子行事，也颇与巫史有关。[②]

②吕慧鹃、刘波、卢达：《中国历代著名文学家评传》第一卷，山东教育出版社，1984，第34页。

因缺少直接证据，持论者至今仍处在“大胆假设”的阶段。但在巫风炽盛的楚国，屈原的《楚辞》创作受巫术仪式影响是毋庸置疑的。其作品中天人不分、升仙神游、乘龙驭凤、神巫恋爱、招引魂魄的内容也很容易让人联想起不同文化地区的原始宗教的迷狂、脱体、招魂等风俗，如中国古代民间“招生魂”“叫魂”的观念，广泛分布于“太平洋文化圈”的招魂风俗，萨满教仪式中的“动物助手”等。

以荣格对文学创作模式的划分来看，《楚辞》显然比《诗经》有更多的幻觉型创作成分。《离骚》中有这样的描述：

> 鸞皇为余先戒兮，雷师告余以未具。吾令凤鸟飞腾兮，继之以日夜。飘风屯其相离兮，帅云霓而来御。纷总总其离合兮，斑陆离其上下。

意思是：“我命令凤凰展翅飞腾啊，要日以继夜地不停飞翔。旋风结聚起来互相靠拢，它率领着云霓向我迎上。云霓纷纷簇集忽离忽合，五光十色，上下飘浮荡漾。”又云：“凤皇翼其承旗兮，高翱翔之翼翼。”描述的是凤凰展翅承托着旌旗，在长空翱翔，有节奏地上下。又有“魂乎归来，凤凰翔只”“众鸟皆有所登栖兮，凤独遑遑而无所集”等语。《远游》中有：“凤凰翼其承旂兮，遇蓐收乎西皇”的诗句，《涉江》中则写道：“鸾鸟凤皇，日以远兮。燕雀乌鹊，巢堂坛兮”，以及《怀沙》中：“凤皇在笯兮，鸡鹜翔舞”等对凤凰风姿仪态的描绘和高洁品质的赞美，从心理型创作的角度而言，是借以表达对崇高人格的追求，抒发对美政德政的理想情怀。如果考虑到屈原创作的幻觉特质，就会发现这些篇章的动人之处：不止于文学比喻的修辞效果和想象力的雄奇瑰丽，还勾勒出一幅神游于灵境神域的奇妙画面，常常呈现出难以名状的亲历感。可以推想，诗人不仅是在驰骋想象、有意识地实践创作意图，不总是在驾轻就熟地运用兴象寄托情感和理想，更是处在特殊的精神状态下，受到集体无意识的左右而身不由己地呈示着纷繁奇幻的原始意象，亲身体验非理性迷狂中的所见、所历，在超常的精神状态下进入了一个与日常世界不同的世界。在巫术神话思维弥漫之下，原始意象分合聚散，日常意识被淡化或取消，诗人的精神超越了世俗生活而进入了神奇的幻觉时空。

以下引述两段荣格对亲历幻觉的描述，也许有助于我们对《离骚》等作品的写作状态的理解。

我仿佛悬于空中。向下方望可以看见地球，它沐浴在辉煌的蓝色光芒中。我看见了深蓝色的海水，还有大陆。我的正下方远远的是斯里兰卡。我前面的远处则是印度次大陆。我的视野并不能看到整个地球，只是球形轮廓清晰可见。而且地球的边缘闪烁着银光，穿过美妙的蓝光透射过来。地球上很多处是彩色的，或者有墨绿斑点，像氧化了的银器一样。……我也能看见冰雪覆盖的喜马拉雅山，但是那个方向云深雾绕。我压根没有向右边看，我还知道自己正在飞离地球。

后来我才发现，要有这么宽阔的视野得站在什么样的高度上——将近一千英里！在这一高度看到的地球，是我所见过的最壮丽的景象。①

……

白天我总觉得压抑。我感觉虚弱、凄惨，几乎不敢走动。我阴郁地想："如今我被迫回到这个枯燥的世界里。"夜晚降临，我则沉入梦乡，一直睡到午夜前后。然后我会醒过来，醒着躺了一小时，而精神状态完全转变了。我感到一种狂喜。我觉得自己仿佛悬浮在空中，身心安然地待在宇宙深处，……那是一种巨大的空寂，但我心中充满了至高的幸福感。"这便是永恒的快乐，"我想。"这无法用语言表达，真是太过奇妙了！"②

①卡尔·荣格：《荣格文集 IX：荣格自传》，长春出版社，2014，第 214 页。

②卡尔·荣格：《荣格文集 IX：荣格自传》，长春出版社，2014，第 217 页。

荣格表示，这些幻觉的情感张力和美是无法言传的，是他经历过的最了不起的场面。人脱离了空间和时间的束缚，历史与现在的差异消失，地域的阻隔消失，过去、未来、现在凝缩为整一的同时存在的真实，而在现实中，一切都是物质的、笨拙的、粗鲁的，在空间和精神上处处都是桎梏，现实不过是一个三维盒子状的宇宙。他说："我都想象不到，竟然能够有这般的体验。它不是想象出来的。这些幻觉和体验完全是真实的，没有主观的东西在里面，它们都有绝对客观的品质。"[1]

①卡尔·荣格：《荣格文集 IX：荣格自传》，长春出版社，2014，第 218 页。

幻觉并非荒谬、蒙昧、病态的同义语，也并不与真实对立，它与理性状态下的感知同为精神现象。当我们说"假象是对本质的扭曲反映"时，我们已经预设了我们的感官能够正确地反映现象从而抵达本质，完全忽略了人类感受世界方式的偶然性，忽略了存在方式对我们的认知的决定性塑造：我们已经把感官呈现给我们的世界作为一个本然的无扭曲的世界接受下来了。但事实上，世界只是向我们的感知能力敞开它有限的一角，在它的形状、色彩、声音、实体感以及用目前技术手段可探知的属性之外，我们几乎无从置喙。可是我们把这些被我们感知能力所建构的关于世界的意识当成了世界本身，以此为根据排斥与此不吻合的任何事物，把它们不加分辨地贬低为幻觉并驱逐到"现实"的领域之外。而正如荣格所指出的：

> 我不知道任何"超现实"的东西，现实包含我所能够知道的一切东西。……"除非有人在限定现实这一概念时，把"现实的"这一定语仅仅用来指世界现实的一个特殊的局部。这种把现实局限为被我们的感觉所知觉到的物质的具体的客观现实的做法，是由一种特殊的思维方式，即构成"健全常识"的思维方式，以及我们的日常语言习惯造成的，它根据的是"Nihil est in intel lectu quod non antea fuer it in sensu"(头脑中的一切都实现存在于感觉之中)的著名原理，无视这一事实，即我们心灵中有许多东西并不来源于感觉材料。按照上述观点，就只有直接间接或似乎来自感觉世界的一切，才是"现实的"。[2]

②卡尔·荣格：《心理学与文学》，冯川、苏克译，生活·读书·新知三联书店，1987，第 244 页。

把是否有感知觉的依据或奠基于感知觉之上的知识的依据，作为评判现实性的标准，这是现代人的思维方式。在荣格看来，西方意识只承认物理原因造成的现实，这是一个被限制了的世界画面，是西方人对世界的一种片面认识，是一种哲学偏见。实际上，我们所接触到的不是一个物质的世界，而是一个表象的世界，作为现实显现给我们的东西，都是被我们加工过的表象，我们透过表象来判断事物的真实性。而在荣格看来，心理活动本身有直接的现实性，它包括一切形式的精神现象，也包括那些不涉及“外部”现实因而被认为是“不现实”的思想和观念。但这些“虚幻的”观念有时比所谓现实的思想影响更大，只不过我们的习惯意识拒不承认它们也是现实。

对幻觉的忽视和贬低，让我们对现实的一部分视而不见。《楚辞》中的神游、飞升和驾龙驭凤的文字固然描述的是幻觉，但它背后是否有着某种真实？有着怎样的真实，是什么意义上的真实？人与凤凰在幻觉中的际会，是否有过现实中的效验、在物质世界留下了痕迹？它与萨满的脱体、出神经验有什么样关联？藏族地区的格萨尔说唱艺人在睡梦中得到传授，并记住数百万言的史诗内容，与幻觉型的写作有没有某种关联？这些都是值得进一步深究的问题，对此我们不应抱着理性的傲慢和知识范式的自足，将未知之物一概斥为荒谬愚昧。

第二节　凤凰的爱情之喻：“凤凰于飞，和鸣锵锵”

由于先秦文学的崇高地位和巨大影响，凤凰作为一个传统意象在中国文学中占据了重要的地位。“凤”“凰”“凤凰”“鸾凤”等词常常出现于诗词曲赋之中，以文化符号的形式主要体现着圣德、美政、才性、吉祥、爱情等意义。仅以唐诗为例，“在全唐诗中，凤字出现了 2978 次，凰字 282 次，鸾字 1080

①李虎子：《唐诗中凤凰意象的世俗化和唯美化》，《四川大学学报》2001年第5期。

次，凤凰的这三种最有代表性的称谓出现的总数约占全唐诗总数的十分之一”[①]。作为文学意象的凤凰，跨越千年的时空，意义不断得到衍生和重组。

随着原始崇拜和巫术仪式淡出人们的生活，凤凰意涵中的世俗意义占据了主要的位置。在传统文化中，凤凰意象与男女情爱有密切的关联，这种关联性保留在民间生活中。凤凰作为标志爱情的文化符码，出现在神秘古老的卦象系辞里，已有久远的历史。据史载，公元前672年，陈国政变，公子陈完逃到齐国，《左传·庄公二十二年》记载：“初，懿氏卜妻敬仲，其妻占之，曰：‘吉，是谓凤凰于飞，和鸣锵锵。有妫之后，将育于姜。五世其昌，并于正卿。八世之后，莫之与京。’”意思是说，齐国大夫懿氏要嫁女给敬仲（陈完），妻子占卜吉凶，得吉，预示大舜的后人（陈完）能在齐国顺利发展，到第五代会繁荣昌盛，位同正卿，到了第八代，无人可比。可知这桩婚事，如凤凰齐飞，大吉大利。占卜之说虽然渺茫，但是寄托了父母对女儿婚姻幸福的期望，而且陈完之后，确实日益兴旺发达，直至第八代实现了“田篡齐”。凤凰相伴而飞，相和而鸣，比喻男女婚姻美满，感情和谐，家庭兴旺，事业有成。可见这种约定俗成的象征，在两千多年前就已经形成。西汉刘向《列仙传》记载萧史弄玉吹箫引凤故事。

> 萧史者，秦穆公时人也，善吹箫，能致孔雀、白鹤于庭。穆公有女，字弄玉，好之，公遂以女妻焉。日教弄玉作凤鸣。居数年，吹似凤声，凤凰来止其屋。公为作凤台，夫妇止其上，不下数年。一旦，皆随凤凰飞去。故秦人为作凤女祠于雍宫中，时有箫声而已。

故事本义在言修仙致凤，但随着后世对故事的不断传咏，文人的注意力转到了萧史和弄玉的婚姻和美之上，凤凰的到来喻示了夫妻琴瑟和鸣，心心相印。凤凰意象遂逐渐有了喻示爱情美满的含义。凤凰成为中国文学中象征美满爱情与婚姻的一组非常稳定的意象。

“雄为凤，雌为凰”的说法，最早的记载似乎见于汉代《毛诗故训传》对《卷阿》的解读：“凤凰，灵鸟，仁瑞也。雄曰凤，雌曰凰。”名相而已，倒不值得深究。司马迁《史记·司马相如列传》中写道：

> 司马相如者，蜀郡成都人也，字长卿……是时卓王孙有女文君新寡，好音，故相如缪与令相重，而以琴心挑之。相如之临邛，从车骑。雍容闲雅甚都；及饮卓氏，弄琴，文君窃从户窥之，心悦而好之，恐不得当也。既罢，相如乃使人重赐文君侍者通殷勤。文君夜亡奔相如，相如乃与驰归。

西汉司马相如和卓文君的爱情故事，本与凤凰不相干，但随着故事不断地被丰富、加工，在南朝陈徐陵《玉台新咏》中就出现了司马相如《琴歌二首》（即《凤求凰》）：

《凤求凰》其一

有一美人兮，见之不忘。
一日不见兮，思之如狂。
凤飞翱翔兮，四海求凰。
无奈佳人兮，不在东墙。
将琴代语兮，聊写衷肠。
何日见许兮，慰我彷徨。
愿言配德兮，携手相将。
不得於飞兮，使我沦亡。

《凤求凰》其二

凤兮凤兮归故乡，遨游四海求其皇。
时未遇兮无所将，何悟今兮升斯堂！
有艳淑女在闺房，室迩人遐毒我肠。
何缘交颈为鸳鸯，胡颉颃兮共翱翔！
皇兮皇兮从我栖，得托孳尾永为妃。
交情通意心和谐，中夜相从知者谁？[1]
双翼俱起翻高飞，无感我思使余悲。

①谭国清主编《传世文选·玉台新咏》，西苑出版社，2009，第160页。

唐《艺文类聚》、宋《乐府诗集》等书亦收载此二诗。男子自喻为凤，既表达了对喻为凰的女子的炽热迷恋、刻骨相思，又有自喻品性高洁之意。二人精通音律，“将琴代语”，强调了凤与凰的相若相属，暗示了在一起的天然合理性。但其写作视角读来总有事后补续之感，后人或指其为假托司马相如所作。以今日眼光，此诗文辞似欠雅驯，格调亦不甚高，但念其愁闷万端，正所谓“一万声长吁短叹，五千遍捣枕捶床”，虽有俗情，其情感还是真挚充沛的，意象也鲜活自然，凤凰成为全诗的文眼，不可或缺。

世俗意义的增加使凤凰的神圣意味日益减损。到唐朝时期，凤凰几近坠入凡尘，普通民众都可以在衣服上绣凤凰，在日常用品上用凤凰作装饰，因此，唐诗中使用凤凰意象的就更为普遍，象征爱情婚姻的凤凰不需要再借助原始观念和巫术，它直接成为了日常生活中被广泛使用的词汇和形象。但爱情的文化意涵，与凤凰所联系的远古鸟崇拜、男女情爱等原始图腾意义、生殖崇拜意义仍有着模糊的、难以言喻的心理关联，只是无人再关注于此。

李贺号称“诗鬼”，想象奇警，诗境瑰丽诡谲。有作：

两马八蹄踏兰苑，情如合竹谁能见。夜光玉枕栖凤凰，袷罗当门刺纯线。

“夜光玉枕栖凤凰”，用凤凰喻两情缱绻，无限旖旎见于言外。晚唐诗人唐彦谦博学多艺，文词壮丽，诗艺师法温庭筠、李商隐，但避繁缛深曲，显清浅流转之境。有诗：

楚云湘雨会阳台，锦帐芙蓉向夜开。吹罢玉箫春似海，一双彩凤忽飞来。

亦用凤凰象征男女欢爱，春意荡漾时分忽幻化彩凤，颇有“此处省略若干字”之含蓄得体。中唐诗人王建善乐府，诗作生活气息浓郁，有诗曰：

红烟满户日照梁，天丝软弱虫飞扬。菱花霍霍绕帷光，美人对镜著衣裳。庭中并种相思树，夜夜还栖双凤凰。

以“相思树”“双凤凰”象征爱侣双宿双栖，试想春昼日暖，春气如烟，菱花镜里，美人嗟叹。恨嫁之心，昭然若揭。中唐诗人卢纶以边塞诗著称，格调慷慨雄浑，但于奉和酬唱之作却不见长：

比翼和鸣双凤皇，欲栖金帐满城香。平明却入天泉里，日气曈昽五色光。

这首诗旨在恭喜同僚婚事，其中凤凰意象不过是随手拈来，道着新人的高贵吉祥，今日在此满城留香，明日到彼光耀五色，立意却木然生硬，意象手足无措，来去不知何谓。

凤凰相聚为佳侣，凤凰离散为孤鸾。南朝宋时的范泰《鸾鸟诗序》记载：

> 昔罽宾王结罝峻卯之山，获一鸾鸟，王甚爱之，欲其鸣而不致也，乃饰以金樊，飨以珍羞。对之愈戚，三年不鸣。其夫人曰：'尝闻鸟见其类而后鸣，何不悬镜以映之。'王从其意，鸾睹形悲鸣，哀响冲霄，一奋而绝。

罽宾王得了一只鸾鸟，非常喜欢，想听它叫一叫，然而无论用宝物还是用美食，鸾鸟就是整整三年不叫。夫人出了个主意，用镜子照照它，它以为镜中是同类，就会叫了。王采用了这个办法，结果鸾鸟看到镜中自己的样子之后，立即悲哀鸣叫，展翅奋飞而死。成语“青鸾舞镜”“镜里孤鸾”就由此典故中来，寓恩爱夫妻生离死别，只剩一方孤独悲哀。中唐诗人长孙佐辅《对镜吟》一诗用此典：

> 忆昔逢君新纳娉，青铜铸出千年镜。意怜光彩固无瑕，义比恩情永相映。每将鉴面兼鉴心，鉴来不辍情逾深。君非结心空结带，结处尚新恩已背。开帘览镜悲难语，对面相看孟门阻。掩匣徒惭双凤飞，悬台欲效孤鸾舞。昔日照来人共许，今朝照罢自生疑。镜上有尘犹可淬，君恩讵肯无回时。

男子有了新欢，忘记了和旧人两结同心的誓言，“双凤飞”已经不再，吉祥的承诺已然落空，只剩旧人“孤鸾舞”，过去的恩爱一去不复返，男子负心再无可挽回。另外，李贺《贝宫夫人》：

长眉凝绿几千年，清凉堪老镜中鸾。

李商隐《无题四首》之三：

多羞钗上燕，真愧镜中鸾。

这两句诗也都是取的“镜里孤鸾”的典故，用鸾凤的分离比喻爱侣的分离。

又有“鸾凤分飞”喻情侣或者夫妻离散，房千里《寄妾赵氏》曰：

鸾凤分飞海树秋，忍听钟鼓越王楼。只应霜月明君意，缓抚瑶琴送我愁。山远莫教双泪尽，雁来空寄八行幽。相如若返临邛市，画舸朱轩万里游。

“鸾凤分飞”意思与劳燕分飞相似，海阔山远，雁来八行，其中的万千愁绪，只有明月、瑶琴知道罢了。

离鸾别凤烟梧中，巫云蜀雨遥相通。幽愁秋气上青枫，凉夜波间吟古龙。

“离鸾别凤”指的也是夫妻离散，并且和“鸾凤分飞”一样，从唐诗中来，成为了成语。之后，李商隐也使用过类似的意象，例如“离鸾别凤”：

沟水分流西复东，九秋霜月五更风。离鸾别凤今何在，十二玉楼空更空。昨夜双钩败，今朝百草输。关西狂小吏，惟喝绕床卢。

再如“孤凤忆离鸾”：

> 密迩平阳接上兰，秦楼鸳瓦汉宫盘。池光不定花光乱，日气初涵露气干。但觉游蜂饶舞蝶，岂知孤凤忆离鸾。三星自转三山远，紫府程遥碧落宽。

这些诗句中，鸾凤之类意象已成文化符码，鲜活不再，诗文充斥着习语套话，逐渐变得索然无味了。

有的诗将凤凰谱在曲子里、绣在衣服上，间接地寄予相思：

> 江南弄，巫山连楚梦，行雨行云几相送。瑶轩金谷上春时，玉童仙女无见期。紫露香烟渺难托，清风明月遥相思。遥相思，草徒绿，为听双飞凤凰曲。

天各一方、相见无期之时，“双飞凤凰曲”就成了相思之曲：

> 巧绣双飞凤，朝朝伴下帷。春花那见照，暮色已频欺。欲卷思君处，将啼裛泪时。何年征戍客，传语报佳期。

女子绣出两只一起飞翔的凤凰，希望与爱侣朝夕相伴，可惜那人戍边，不知安危，令人担忧。随着凤凰意象在唐诗中大量涌现，其基本含义在诗词中已经固定下来，爱情成为它主要的表达对象。例如宋词中“凤枕鸾帷”“鸾屏鸳被”“鸾镜鸳衾”诸如此类的组合频频出现，是袭蹈前朝旧意，装点当日诗余。凤凰搭配室内生活用品，无非表现男女的恩爱缠绵，难舍难分，凤凰只是语言聚合轴上供挑选的能指之一，不再重要。凤凰入曲、入画复入诗，是文化符码的再度符码化，除了作为爱情相思的能指，再无其他可供思索玩味的余意，也可以说从此在中国古代文学中，凤凰很少再被当作灵物甚至活物对待了。

古诗中背负爱情意涵的凤凰，在日常生活中被用来指称、比喻和描述人间情事，传达着祥瑞和祝福之意，或隐喻着离愁别绪，不管其情感色彩是恩爱甜蜜，还是孤寂忧伤，意义都单纯明朗。古代文学中的凤凰的含义无论如何演变，都已是明言知识的变体，日常用法的叠加。在现代文学中也偶尔出现凤凰意象，一般而言，它们更远离了对原始图腾的冥想和领悟，成为语象的创造和阐释的循环。作家将现成的文化符号拿来匠心巧运，托物寄情。如余光中《下次的约会》：

当我死时，你的名字，如最后一瓣花
自我的唇上飘落。你的手指
是一串串钥匙，玲玲珑珑
握在我手中，让我开启
让我豁然开启，哪一扇门？
握你的手而死是幸运的
听你说，你仍爱我，听你说
凤凰死后还有凤凰
春天死后还有春天，但至少
有一个五月曾属于我们
每一根白发仍为你颤抖，每一根潇骚
都记得旧时候，记得
你踩过的地方绽几朵红莲
你立的地方喷一株水仙

你立在风中，裙也翩翩，发也翩翩
覆你的耳朵于我的胸膛
听我的心说，它倦了，倦了
它已经逾龄，为甄甄啊甄甄
它跳得太强烈，跳得太频
爱情给它太重的负荷，爱情
爱情的一端在此，另一端
在原始。上次约会在蓝田
再上次，在洛水之滨
在洪荒，在沧海，在星云的叆叆
在记忆啊记忆之外，另一端爱情
下次的约会在何处，在何处？
你说呢，你说，我依你
（你可相信轮回，你可相信？）
死亡的黑袖挡住，我看不清楚，可是
嗯，我听见了，我一定去[1]

①余光中：《余光中集》第二卷，百花文艺出版社，2004，第38页。

这是一首情诗，以“临别殷勤重寄词，词中有誓两心知”为副标题，引用了唐明皇和杨贵妃的爱情故事，表达海誓山盟、至死不渝的意思。因此，“我”对“你”（甄甄）的爱亦是如此，“凤凰死后还有凤凰，春天死后还有春天”，蛮荒亘古以来，凤凰生生不息，代代轮回，就好像春天虽短，但四季更替、周而复始，从原始到当下，从甄宓所在的洛水到良玉生烟的蓝田，从混沌洪荒到沧海到星云之端，一切的时间，一切的空间，爱情在，凤凰和春天永远都在，就像凤凰具备永生的神性，不断从另一个世界向此岸飞来。在这首诗中，作为爱情的凤凰与作为信仰的凤凰融为了一体。表面看来，这似乎是幻觉型写作模式下原始意象的回归，但它也可能是一种一般意义上的诗艺探索，是对失落已久的某些符码意义的重拾，为的是实现诗人的创作意图。在20世纪的文坛，有尼采的拥趸提倡酒神精神，有意识流作家发掘潜意识内容，也有布洛东等人的超现实主义主张非理性的自动化写作，他们比较接近荣格的幻觉型写作模式的创作主张。但余光中的创作并无十分明显的非理性倾向，虽不乏灵光乍现思如泉涌的时刻，仍与那些激情淹没理智的诗人有别，大约可以视为介乎心理型和幻觉型之间吧。

第三节 品格之喻："我本南山凤，岂同凡鸟群"

在传统文化氛围里，凤凰无论是作为图腾，还是作为文化符号，都蕴含着神圣的意味，彰显着卓尔不凡的气象。在文学作品中，凤凰有时被用来指示超世俗的价值、高贵的精神或高尚的品格。凤凰之美，在于其超世脱俗。用凤来修饰物品、品评人物，能赋予对象凌驾世间凡品的魅力。凤之姿华丽夺目，飞扬跳脱，以之誉人状物，皆显其不同凡响。相貌英俊富有学识之人，可谓"飞鸾翔凤"，神仙仪态万千，誉为"鸾姿凤态"，字画生动矫健，则称"翔鸾舞凤"。其他如宫廷车马名之为"鸾舆凤驾"，书法字体飘逸、笔势飞动，堪称"鸾翱凤翥"，文章诗歌文采华丽惊为"凤采鸾章"，歌声美妙嘹亮犹如"凤吟鸾吹"，乐器美好"凤管鸾笙"，形容歌舞美妙，可以说"凤舞鸾歌"。这些词有一个共同特点，就是把人或物与"凤"和"鸾"放在一起，立刻就显得高端起来。

用凤凰来形容的贵人，可以是天潢贵胄、达官贵人。例如杜牧的《雪中抒怀》写道：

天子号仁圣，任贤如事师。凡称曰治具，小大无不施。明庭开广敞，才隽受羁维。如日月缅升，若鸾凤葳蕤。

将皇帝比喻成鸾凤。

金榜扶丹液，银河属紫阍。那堪将凤女，还以嫁乌孙。

则是将公主比喻成凤凰。

三殿香浓晓色来，祥鸾威凤待门开。锵金佩玉趋丹陛，总是和羹作砺才。

是将文武百官比喻成凤凰。

贞观七年（公元 633 年），唐太宗李世民曾作《威凤赋》赐予长孙无忌（一说赐予房玄龄），赋中以凤自喻，表示不忘开国大臣的辅佐之功。

有一威凤，憩翮朝阳。晨游紫雾，夕饮玄霜。资长风以举翰，戾天衢而远翔。西翥则烟氛闷色，东飞则日月腾光。化垂鹏于北裔，训群鸟于南荒。弭乱世而方降，膺明时而自彰。俯翼云路，归功本树。仰乔枝而见猜，俯修条而抱蠹。同林之侣俱嫉，共干之俦并忤。无桓山之义情，有炎州之凶度。若巢苇而居安，独怀危而履惧。鸱鸮啸乎侧叶，燕雀喧乎下枝。惭己陋之至鄙，害他贤之独奇。或聚咮而交击，乍分罗而见羁。戢凌云之逸羽，韬伟世之清仪。遂乃蓄情宵影，结志晨晖。霜残绮翼，露点红衣。嗟忧患之易结，欢矰缴之难违，期毕命于一死，本无情于再飞。幸赖君子，以依以恃，引此风云，濯斯尘滓。披蒙翳于叶下，发光华于枝里，仙翰屈而还舒，灵音摧而复起。眄八极以遐翥，临九天而高峙。庶广德于众禽，非崇利于一己。是以徘徊感德，顾慕怀贤，凭明哲而祸散，托英才而福延。答惠之情弥结，报功之志方宣。非知难而行易，思令后以终前。俾贤德之流庆，毕万叶而芳传。[1]

①刘昫：《旧唐书》，中华书局，2000，第1651—1652页。

赋中描述，有一只威震四方的凤凰，在朝阳中敛翅休憩。早晨在紫色的雾气中巡游，傍晚在昏暗中啜饮冰霜。凭借长风振翅而起，到达高空之通途而远飞。其向西飞则风云变色，向东飞则日月生辉。变化成大鹏雄踞北地，又教化群鸟于南方。为了消除世间祸乱才降落，为了承当天命而展露锋芒。

此赋文采斐然，气魄雄浑，情感真挚，意象纷呈，赋予凤凰以少有的雄健之气，亦彰显其应有的王者之风。缀一"威"字于凤前，这种字词组合在唐之前尚不多，笔者所阅史料中，仅见南朝陈代之诗人张正见有作题为《赋得威凤栖梧》：

丹山下威凤，来集帝梧中。欲舞春花落，将飞秋叶空。影照龙门水，声入洞庭风。别有将雏曲，翻更合丝桐。

"威凤"一词使凤凰颇具别样神采。李世民雄才大略，文武兼备，史称"千古一帝"，的确不是浪得虚名。近有网上历史爱好者为其取昵称"二凤"，戏谑地表达对此历史人物的喜爱之情，"二"指唐朝第二个皇帝，"凤"则指这篇《威凤赋》的作者。

凤凰可喻于帝王，也可指文人雅士，特别是有风姿、有才华的人。威凤威加海内，寒凤寒凉凄苦。高士被褐怀玉而不见用，品性高洁而不被世容，难免胸有块垒；王勃的《寒梧栖凤赋》即属此类。

凤兮凤兮，来何所图？出应明主，言栖高梧。梧则峄阳之珍木，凤则丹穴之灵雏。理符有契，谁言则孤？游必有方，哂南飞之惊鹊；音能中吕，嗟入夜之啼乌。

况其灵光萧散，节物凄清。疏叶半殒，高歌和鸣。之鸟也，将托其宿止；之人也，焉知乎此情？月照孤影，风传暮声。将振耀其五色，似箫韶之九成。

九成则那，率舞而下。怀彼众会，罔知淳化。虽璧沼可饮，更能适于醴泉；虽琼林可栖，复忆巡于竹榭。念是欲往，敢忘昼夜？苟安安而能迁，则思思其不暇。

故当披拂寒梧，翻然一发。自此西序，言投北阙。若用之衔诏，冀宣命于轩阶；若使之游池，庶承恩于岁月。可谓择木而俟处，卜居而后歇。岂徒比迹于四灵，常栖栖而没没？[1]

①王勃：《王子安集》，上海古籍出版社，1992，第11页。

此赋先抑后扬，开头自诩高洁，自叹寂寞萧瑟，继而表达理想，不甘安于独善之境而思高飞远举，最后抒发了获取功名，跻身庙堂，服务朝廷的理想。作品构思精巧，声律优美，格调婉曲，但渴望出仕的态度稍显迫切，未免有损凤凰的超凡入圣、持重端庄。而早于王勃的晋代傅咸曾作《仪凤赋》，赞美凤的圣德高贵，并表达了见贤思齐之心，欲效法其品性，努力修心明德。观其格调，比王勃的赋作为高。

鹪鹩赋者，广武张侯之所造也。以其形微处卑，物莫之害也。而余以为，物生则有害，有害而能免，所以贵乎才智也。夫鹪鹩既无智，足贵亦祸害未免。免乎祸害者，其唯仪凤也。辞曰：

仰天文以弥观兮，览神象乎太清。伊仪凤之诞育兮，禀朱行之淳精。故能体该众妙，德备五灵。秽维尘之纷浊兮，患俗网之易婴。心渺渺其悠远兮，意飘飘以遐征。翔寥廓以轻举兮，凌清霄而绝形。若乃龙飞九五，时惟大明，阐隆正道，既和且平。感圣化而来仪兮，赞箫韶于九成。随时宜以行藏兮，谅出处之有经。岂以美而贾害兮，固以德而见荣。旷千载而莫睹兮，忽翻尔而来庭。应龙至兮，庶有感于斯诚。而君子之是忽兮，赋微物以申情。虽绮靡之可玩兮，悲志大之所营。敢砥钝于末踪兮，厕瓦砾于瑶琼。[①]

①韩格平等校注：《全魏晋赋校注》，吉林文史出版社，2008，第197页。

傅咸的《仪凤赋》在体式上沿用了魏晋时期兴起的短小赋体，因为魏晋南北朝时期的社会动荡，导致文献大量遗失，文人阅读多为断简残篇，这在一定程度上影响了文人们的文本意识。在赋的创作中一改汉代以来鸿篇巨制的格局，所作多短制小品。魏晋士人往往对长篇大论的赋作不以为然，如陆云在《与兄平原书》中讥评某人的《蝉赋》长两千余言："作文唯尚多，而家多猪羊之徒。"[②] 晋代短赋很多，涉及凤凰的其他赋体作品也都短小精悍，如顾恺之有《凤赋》、桓玄有《凤凰赋》存世。兹录于下：

②严可均：《全上古三代秦汉三国六朝文》（影印本），中华书局，1991，第2044页。

《凤赋》

顾恺之

望太清以抗思，诞仪凤之逸群。禀鹑火之灵曜，资和气之氤氲。允鸡喙而燕颔，颈蛇蜿而龙文。励归昌于汉阳，发明征乎圣君。荷义蹑正，鸡跱鸿前，比翼交辉，五色备宣。兴八风，降时雨，音中钟律，步则规矩。朱冠赫以双翘，灵质翔其高举。历黄冠于招摇，陵帝居之悬圃。[③]

③韩格平等校注：《全魏晋赋校注》，吉林文史出版社，2008，第515页。

《凤凰赋》

桓玄

伊群物之百品，各在类而有别。惟羽族之殊诞，独鸾皇之构桀。邈区宇以超栖，抚朝阳于丹穴。备六德以成辉，奋藻翰之郁烈。集昆峰而敛翼，翔青云以遐越。[1]

①韩格平等校注：《全魏晋赋校注》，吉林文史出版社，2008，第448页。

二赋皆咏物比德，而思想和格调都有较大差异。顾作基本上复述关于凤凰的成说习见，赞美凤凰所代表的天道和理想秩序，但个人寄托不明；桓玄则托物寄情，讴歌凤凰之超尘拔俗、志在四海，借以表达一己的宏图远志，流露出不甘居于人下、觊觎东晋社稷的政治野心。

凤可自喻，也可喻人。李白拜访兖州王少府，觉得他清心寡欲，甘为寂寞，操守高洁，与众人不同，于是称赞他有鸾凤之姿。

皎皎鸾凤姿，飘飘神仙气。梅生亦何事，来作南昌尉。清风佐鸣琴，寂寞道为贵。一见过所闻，操持难于群。

白居易与罢相的朋友同游，恭喜他从此喜得自由，而且为人有能力有修养，如同紫凤一般。

道行无喜退无忧，舒卷如云得自由。良冶动时为哲匠，巨川济了作虚舟。竹亭阴合偏宜夏，水槛风凉不待秋。遥爱翩翩双紫凤，入同官署出同游。

用凤凰来形容朋友，想来对方是非常欣喜的。还有这一首著名的诗：

十岁裁诗走马成，冷灰残烛动离情。桐花万里丹山路，雏凤清于老凤声。

在那凤凰栖息的丹山梧桐上，小凤凰的声音比老凤凰更加清澈动人，借此称赞韩瞻之子韩偓青出于蓝而胜于蓝，可谓用凤凰夸了父子两代人。

唐朝时期，由于凤凰趋于世俗化，因此也可以用它来形容普通人，只要对方是美人，无论是贫女还是歌姬，皆可用凤凰来赞美。例如：

> 鸾飞远树栖何处，凤得新巢已去心。红壁尚留香漠漠，碧云初断信沉沉。情知玷污投泥玉，犹自经营买笑金。从此山头似人石，丈夫形状泪痕深。

这是用凤凰比喻妓女。还有：

> 贫女铜钗惜如玉，失却来寻一日哭。嫁时女伴与作妆，头戴此钗如凤凰。

这首诗用凤凰比喻了一个丢失了心爱的铜钗而悲伤的贫家女子，回想头戴此钗时的快乐和美丽；铜钗虽不值钱，但爱美的女孩戴在头上，精神抖擞如凤凰一般神气，心里的快乐与想象的美丽同时绽放；一旦失去这个灌注生气的饰物，美仿佛被抽离了灵魂，整个人都不好了。

作为喻体，凤凰可以修饰人，也可以修饰物。无论是衣裳、首饰，还是床单、帷幕，或者亭台楼阁、音乐舞蹈，只要有凤凰纹饰，就平添了高贵典雅。一张纸上绘以凤纹，就可以变得精致美好，堪付相思，“收将凤纸写相思”。一面镜子，刻以凤纹，就是青春和爱情的见证：

嫁时明镜老犹在，黄金镂画双凤背。忆昔咸阳初买来，灯前自绣芙蓉带。十年不开一片铁，长向暗中梳白发。今日后床重照看，生死终当此长别。

多年以后，凤镜暗黑发白，年华老去不复返，镜犹如此，人何以堪？三十五岁的杜甫，意气风发，写得一手畅快淋漓的好文章：

学业醇儒富，辞华哲匠能。笔飞鸾耸立，章罢凤骞腾。精理通谈笑，忘形向友朋。寸长堪缱绻，一诺岂骄矜。

运笔如飞之后，这文章只能用鸾凤来形容了，如凤舞九天般的好文，怎不令杜甫得意忘形。石鼓上的书法，年深日久，字迹不清：

词严义密读难晓，字体不类隶与科。年深岂免有缺画，快剑斫断生蛟鼍。鸾翔凤翥众仙下，珊瑚碧树交枝柯。金绳铁索锁纽壮，古鼎跃水龙腾梭。

但是胜在有气势，仿佛把蛟龙斫断了一样，又像仙人乘凤翱翔，珊瑚树枝丫参差，高低起伏，灵动繁复。繁华的首都，可以称作凤城、凤京，例如唐诗中的长安，“由来貔虎士，不满凤凰城”，“寒辞杨柳陌，春满凤凰城”。

宋词里的汴京：

直自凤凰城破后，擘钗破镜分飞。天涯海角信音稀。梦回辽海北，魂断玉关西。

玉惨花愁出凤城，莲花楼下柳青青。尊前一唱阳关曲，别个人人第五程。

清诗里的京城："此时青玉案，他日凤凰城"。君子修身，才情与品德不可偏废。古人讲究修德，修养德行，行善积德，在文学艺术和思想观念上，常常将客观事物与道德情操联系到一起，谓之比德，认为君子之德与特定的动物、植物相关：老梅疏朗，骨骼清奇；芝兰芬芳，遗世独立；竹谦而瘦，介节贞朗；菊淡于野，秋曜金华；莲花高洁，不染不妖；松柏挺直，岁寒不凋。这些都是文人们常常用来比德之物。凤凰作为一种高贵的神鸟，一种远古的信仰，一种吉祥的象征，虽然在文明史中逐渐失去了信仰和崇拜的意义，但仍被赋予神圣和祥瑞的色彩，成为一种美好情感的寄托。在文学中也具备类似的功能，它转义为天道、贤德和仁义的高位。

在古代人的心目中，凤凰是"德"的"代言人""吉祥物"。屈原在《九章·涉江》中写道：

> 鸾鸟凤皇，日以远兮。燕雀乌鹊，巢堂坛兮。露申辛夷，死林薄兮。腥臊并御，芳不得薄兮。阴阳易位，时不当兮。怀信侘傺，忽乎吾将行兮。

"鸾鸟凤皇"和"燕雀乌鹊"成为了两组意义相反的意象，前者被日益疏远，比喻贤良君子被疏远，后者在堂上做窝，比喻小人奸佞占据了朝廷，"腥臊"凑到一块，芳香却被排斥，说明国家乌烟瘴气、黑白颠倒，君子被小人排挤。宋玉在《九辩》中写道：

> 凫雁皆唼夫粱藻兮，凤愈飘翔而高举。圜凿而方枘兮，吾固知其鉏铻而难入。众鸟皆有所登栖兮，凤独遑遑而无所

集。原衔枚而无言兮，尝被君之渥洽。太公九十乃显荣兮，诚未遇其匹合。谓骐骥兮安归？谓凤皇兮安栖？变古易俗兮世衰，今之相者兮举肥。骐骥伏匿而不见兮，凤皇高飞而不下。鸟兽犹知怀德兮，何云贤士之不处？骥不骤进而求服兮，凤亦不贪餧而妄食。

野鸭大雁都可以随便吃高粱水藻，凤凰却只在空中高高飞翔，好像方榫子要插进圆孔，是很难做到的事情。众鸟都有地方栖居，凤凰只能飞来飞去独自凄凉。良马躲起来不见了，凤凰高飞不下来，二者是一样的，动物都知道感怀有恩德的人，何况是贤士？很明显，无论是屈原还是宋玉，都把凤凰当作是贤士的象征，更直接些说，是把自己比喻成孤独骄傲的、清者自清的凤凰。

因为要凸显凤凰的贤能和高贵，在文学中，凤凰常常与一些凡鸟被组合使用，通过对比呈现凤凰之德、凡鸟之劣。例如上文中的凤凰与燕雀、乌鹊，等等。《庄子·秋水篇》记载：

惠子相梁，庄子往见之。或谓惠子曰："庄子来，欲代子相。"于是惠子恐，搜于国中三日三夜。庄子往见之，曰："南方有鸟，其名为鹓雏，子知之乎？夫鹓雏发于南海，而飞于北海；非梧桐不止，非练实不食，非醴泉不饮。于是鸱得腐鼠，鹓雏过之，仰而视之曰：'吓！'今子欲以子之梁国而吓我邪？"

鹓雏是凤属，庄子自比之，而将惠施比作鸱，不过吃腐鼠的低级生物。惠施是先秦名家学派创始人，与庄子是至交好友，在著名的濠梁之辩中与庄子各逞口才，雄辩滔滔而不落下风，庄子凭借文字游戏才结束辩论；放在现代哲学中，亦可视为“从物到知的认识论”与现象学打了个平手。惠施名利心重却仕途坎坷，一度遭张仪排挤而见逐于魏，之楚之宋，饱受流徙之苦。看重魏国的相位，也是情有可原，不料被庄子讥为猜意鹓雏的猫头鹰，打脸响亮，情何以堪。《荀子·赋篇》也曾写道：“螭龙为蝘蜓，鸱鸮为凤凰。”意思小人占据了君子的位置，世道不合理。贾谊《吊屈原赋》：“呜呼哀哉，逢时不祥。鸾凤伏蹿兮，鸱鸮翱翔。”同样是这种意思，鸾凤无处可去到处流窜，鸱鸮反而展翅翱翔。再如《抱朴子·审举篇》：“鸱枭屯飞则鸳凤幽集，豺狼当路则麒麟远避。”鸾凤、麒麟这些祥瑞纷纷远去，鸱枭、豺狼反而横行跋扈。这些例子，都是通过凤凰与凡鸟的二元对立来表现小人当道，君子被排挤的黑暗环境。

这种对比的修辞手法到了后世的艺术作品中就更为多见，例如李商隐的《随师东》：

> 东征日调万黄金，几竭中原买斗心。军令未闻诛马谡，捷书唯是报孙歆。但须鸑鷟巢阿阁，岂假鸱鸮在泮林。可惜前朝玄菟郡，积骸成莽阵云深。

鸑鷟为五凤之一，为黑色或紫色，代表坚贞不屈的品格，在这首诗里很显然是象征贤臣贤士，而鸱鸮代表的是小人。李白诗云：“梧桐巢燕雀，枳棘栖鸳鸾”，“凤饥不啄粟，所食唯琅玕。焉能与群鸡，刺蹙争一餐。”凡鸟燕雀占据了凤凰的梧桐树，而凤凰只能栖息在荆棘灌木之中，正如现今小人得势，他只能颠沛潦倒。但是凤凰就算再饥饿，也不会和鸡去抢食，自己这样的贤士，绝不和小人们争名夺利，做人要孤高不群如同凤凰。再如明朝王廷陈的《矫志篇》：“蛟龙虽困，不资凡鱼。鸑鷟虽孤，不匹鶩雏。”即便蛟龙处境艰难，也不是普通鱼类可比的，凤凰虽然孤独，也不是鸭子能媲美的，意思是贤才就是贤才，志向远大，就算在逆境中，也绝不是庸人可以置喙的。

这种对凤凰的挚爱，对道德与高尚的向往，也突出地见于杜甫的诗歌。冯至曾指出杜甫：

> 七岁起始学诗时，一开首就作了一首歌咏凤凰的诗。杜甫，这个歌颂了人间与自然界许多壮美事物的诗人，生物中除却马和鹰外，在他诗里占有重要位置的就要算想象中的凤凰了，不管作为直接歌咏的对象，或是作为比喻，提到凤凰的地方不下六七十处。[1]

[1]冯至：《杜甫传》，《冯至全集》第六卷，河北教育出版社，1999，第18页。

杜甫“七龄思即壮，开口咏凤皇”的这首凤凰诗已经失传了，但是已近晚年的他有两首凤凰诗感人肺腑。其一是《朱凤行》：

> 君不见潇湘之山衡山高，山巅朱凤声嗷嗷。侧身长顾求其群，翅垂口噤心甚劳。下愍百鸟在罗网，黄雀最小犹难逃。愿分竹实及蝼蚁，尽使鸱枭相怒号。

朱凤见众鸟在罗网中挣扎，心怀怜悯，愿意将食物分给它们，鸱枭却以为凤凰夺食而怒号不已。杜甫以凤凰自比，颠沛流离之际不忘忧国忧民，只想为天下苍生做些贡献。这样为国为民的牺牲奉献精神，显然比仅仅用凤凰与鸱枭对比来表达贤士对小人的怨恨、对世道的不平，又高尚深刻了许多。

这种情感在《凤凰台》中表达得更强烈：

> 亭亭凤凰台，北对西康州。

西伯今寂寞，凤声亦悠悠。
山峻路绝踪，石林气高浮。
安得万丈梯，为君上上头。
恐有无母雏，饥寒日啾啾。
我能剖心出，饮啄慰孤愁。
心以当竹实，炯然忘外求。
血以当醴泉，岂徒比清流。
所贵王者瑞，敢辞微命休。
坐看彩翮长，举意八极周。
自天衔瑞图，飞下十二楼。
图以奉至尊，凤以垂鸿猷。
再光中兴业，一洗苍生忧。
深衷正为此，群盗何淹留。

此时的杜甫正带着全家从秦州到同谷一路艰难跋涉，困顿流离中，他依然心系苍生与江山社稷。诗中想象，如果有一只没有母亲的雏鸟，他愿意用心血来喂养，以心代替竹实，以血代替醴泉，只要雏凤能长大，让这祥瑞飞翔，让国运中兴，让苍生得救，自己又算得了什么呢。这种泣血的至诚，可谓剖肝沥胆，仁爱无涯。在杜甫心里，凤凰不仅仅是道德的象征，它是人格与天命合一的境界，寄托了国家昌盛、和平美满的理想。为了理想的实现，“愿将一己命，救彼苍生起”，杜甫胸怀天下、崇德向善的精神，可谓凤凰有德的极致。

中国古代文学史上提及凤凰的作品极多，除了喻示爱情相思，比拟人格品性，祈望吉祥福祉之意，歌颂君王圣德的题材也占据了很大的比例。这些颂圣的作品多是迎合统治者趣味、满足一时的政治需要，其中不乏文辞优美之作，如晋代郭璞的《凤赞》，唐代李程的《凤巢阿阁赋》、崔损的《凤鸣朝阳赋》，宋代吴淑的《凤赋》，元代汪克宽的《凤凰来仪赋》等。但此类文字如同历代皆有的各种歌功颂德的应制文学，多缺乏优秀作品应有的思想力度、艺术创新和人文关怀，秉袭故说，观念正统，情感中庸，既无真切的生活感受，也无意于对现实人生的洞察，即便有权力加持得誉一时，也难以流传久远，不被视为真正的文学经典。

第四节　凤凰信仰：现代文学中复现的原始心理遗迹

近现代以来，传统文化、道德、审美等诸观念经历了外部文化的严重冲击，但传统文化精神作为民族的集体无意识，不会因为生活方式的改变而轻易销声匿迹。文化的集体记忆会借着原始意象、集体原型的形式出现在文学作品中，执拗地显示民族的精神之根。但在漫长的文学史中，凤凰意象的内涵更多呈现的是显意识层面、可以言说的文化内容，比如祥瑞、天命、美好、神圣意味与现实生活相联系的那些方面，而凤凰所具有的原始意象、无意识心理内容却久已在人们的观念中消失。只是随着西方现代文学的兴起，人的无意识心理才受到学术界的重视，那些长期被排斥在可以言传的理性知识之外的神秘心理才再次进入文学的视野。如前所述，荣格将艺术家的创作分为心理型和幻觉型两种。心理型艺术的创作素材来自于日常生活和显意识层面，幻觉型艺术则受到无意识层面的艺术幻觉的启发。荣格贬低前者而赞赏后者，认为真正的艺术创作是自发性的，艺术家只是艺术借以实现自己的工具和途径，故有名言“不是歌德创造了浮士德，而是浮士德创造了歌德”，认为原始的集体无意识以原型的形式在人类心灵中代代相传，并以意象的形式在文学艺术中一再显现。在中国现代文学中，凤凰也开始被发掘出被埋藏已久的集体无意识内容。

20世纪80年代中期，随着马尔克斯的《百年孤独》获诺贝尔文学奖，魔幻现实主义风行一时。中国文坛上随之兴起了一股“文化寻根”的热潮，作家们开始致力于对传统意识、民族文化心理的挖掘，也由此形成了“寻根文学”的创作潮流。1985年，作家韩少功在《人民文学》第6期上发表了小说《爸爸爸》，这部作品具有浓郁的象征和寓言色彩，因为描写了神秘的巫楚文化，刻画了畸形的、一度被视为民族文化劣根象征的丙崽形象，而被研究者们将其归为寻根文学的代表作品。丙崽是一个奇异的人物，他相貌丑陋，姿态笨拙，智商很低，和母亲相依为命，不知其父，他不会说别的话，只会说“爸爸”“×妈妈”，表达喜欢和讨厌两种感情。有个十几年前就出走的德龙，似乎是他父亲。德龙会唱古歌，其中就有“简”。小说中有这样一段描写：

> 如果寨里有红白喜事，或是逢年过节祈神祭祖，那么照老规矩，大家就得表情肃然地唱“简”，即唱历史，唱死去的人。歌手一个个展开接力唱，可以一唱数日不停，从祖父唱到曾祖父，从曾祖父唱到太祖父，一直唱到远古的姜凉。姜凉是我们的祖先，但姜凉没有府方生得早，府方又没有火牛生得早，火牛又没有优耐生得早。优耐是他爹妈生的，谁生下优耐他爹呢？那就是刑天……五支奶和六支祖住在东海边上，发现子孙渐渐多了，家族渐渐大了，到处都住满了人，没有晒席大一块空地。怎么办呢？五家嫂共一个舂房，六家姑共一担水桶，这怎么活下去呵？于是，在凤凰的提议下，大家带上犁耙，坐上枫木船和楠木船，向西山迁移。他们以凤凰为前导，找到了黄泱泱的金水河，金子再贵也是淘

得尽的。他们找到了白花花的银水河，银子再贵也是挖得完的。最后才找到了青幽幽的稻米江。稻米江，稻米江，有稻米才能养育子孙。[1]

①韩少功：《爸爸爸》，上海文艺出版社，2012，第52页。

鸡头寨原始愚昧，这里的人们相信祖先是“刑天舞干戚，猛志固常在”的刑天。逢年过节，这里的习俗就是要唱“简”，也就是唱“古”，用流传的歌谣来描述祖先的繁衍和迁徙，子孙多了，住不下了，必须要寻找新的家园。带领他们找到生存发展之地的，正是“凤凰”。凤凰像一个先知，跟着它就能找到新的家园。于是，他们到了鸡头寨，一代代地过活。痴呆的丙崽一直被大家歧视，甚至差点被拿来祭天，危难之际一阵霹雳救了他的命。大家认为是老天在暗示丙崽的特殊之处，于是纷纷恭维他是“丙大爷”“丙仙”。在鸡头寨与鸡尾寨纠纷之际，请他预言，他将手指向了房檐，“所指之处有祠堂一个尖尖的檐角，向上弯弯地翘起，像一只黑色老凤举翅欲飞”[2]。鸡头寨人误解了丙崽的手势，以为房檐是“炎”的意思，大概是要火攻。结果是鸡头寨一败涂地，伤亡惨重。这个曾经是“美好的地方”的所在，待不下去了。他们遵循了古老的习俗，青壮年与牲口作为有生力量去休养生息，老弱病残不做负担，集体自尽。这时再看房檐：

②韩少功：《爸爸爸》，上海文艺出版社，2012，第80页。

檐角确实没有什么奇怪，像伤痕累累的一只欲飞老凤。瓦是窑匠们烧制的，用山里的树，用山里的泥，烧出这只老凤的全身羽毛。也许一片片羽毛太沉重，它就飞不起来了，只能静听山里的斑鸠、鹧鸪、画眉以及乌鸦，静听一个个早晨和夜晚，于是听出了苍苍老态。但它还是昂着头，盯住一颗星星或一朵云。它肯定还想拖起整个屋顶腾空而去，像当年引导鸡头寨的祖先们一样，飞向一个美好的地方。[3]

③韩少功：《爸爸爸》，上海文艺出版社，2012，第84页。

悲壮的自杀仪式开始了，他们又唱起了“简”，仿佛能从对祖先的追根溯源中找到赴死的勇气，找到重生的希望。众人一起喝了毒药，丙崽也喝了。青壮年们就在歌声中踏上了寻找新的“美好的地方”的征途，就像凤凰所指引的那样。然而，丙崽却从遍地死尸中坐了起来，依然喊着“爸爸”，不知发生了什么事。

在走投无路的世界上，看不清命运，找不到出路，人们会将希望寄托于“痴愚”所象征的那一点神秘莫测，对世事满怀着“物极必反”的侥幸期待，幻想从绝圣弃智的状态中意外地发现天道真谛。但这依然是行不通的。一代代人挣扎求生，一代代生命如烟散去，杳无痕迹，只有混沌中若隐若现的原始集体意象超越了时间和历史，在后人心灵中执拗地复现，隐约发出暗昧不明的谶语。小说中提到的房檐像一只老凤。沧海桑田之后，当年带领他们翻山越岭找寻彼岸的凤凰已经垂垂老矣。在漫长历史中传承下来的，只不过是原始低劣的生产方式和生活陋习，能够照亮心灵的古楚文明之光早已熄灭，人们耕田度日，数米计薪，生生不息，却万古如长夜。但是凤凰毕竟是凤凰，凡鸟满足于在山里歌唱，凤凰却有冲天之志，仍然心性高洁，心怀星星和云彩，向往着那一个“美好的地方”。

这是一篇奇异、神秘、瑰丽的小说。丙崽的形象从 20 世纪 80 年代至今，一直是这篇作品里最热门的关注点，例如他为什么不死，他象征了什么。但是很少有人注意到这只凤凰，活在“简”里，栖息在房檐上的凤凰。它曾经是这支部族的精神寄托，前进的方向，去往“美好的地方”的向导，繁衍生息，不能少了凤凰的指引。但是在丙崽的时代，人们都忘记了凤凰的存在，他们看不出房檐的凤形，更领悟不出要去到彼岸的暗示，以至于要付出无数生命的代价。

韩少功在《文学的根》中发出疑问：

“绚丽的楚文化到哪里去了？”“是什么时候在什么地方中断干涸的呢？都流入了地下的墓穴吗？”

然后他发现楚文化向西流入湘西，还在崇山峻岭里：

他们崇拜鸟，歌颂鸟，模仿鸟，作为“鸟的传人”，其文化与黄河流域“龙的传人”有明显的差别。[①]

①韩少功：《文学的根》，《作家》1985年第4期。

《爸爸爸》正是对“绚丽的楚文化到哪里去了”的回答，而那只老凤，就是历经几千年，渗透到楚地楚人文化心理之中的楚风楚韵。千年过去，德龙走了，好像文化的根断了，老凤飞不起来了，楚人祖先的集体记忆湮灭已久，但是鸡头寨人在继续寻找生存之路，它也依然指向那“美好的地方”，信仰不死，彼岸永在。正如荣格所认为的那样，每一个原始意象中都有人类精神和人类命运的碎片，它们是同一类型的无数经验的心理残迹，借着现代主义文学对无意识心理和“自动化写作”心理机制的重视，借着现代主义作家“背对现实、面向自我”的创作姿态的彰显，凤凰的原始意象再度在文学意象中显露了端倪。韩少功笔下是一片浸透了楚巫意蕴的梦幻世界，但他的笔是醒着的，并未被那个世界所牵引，而是用魔幻的素材书写着现实，探寻着文化的出路。这也说明韩少功的创作仍是理性主导下的心理型作品，它描述着幻觉而并未陷入集体无意识的幻觉。

在现代文学里，想象更加自由，凤凰意象的含义也更加丰富，随着世界各民族文化交流，凤凰的内涵不仅包含了远古神话和日常生活内容，还日益将异域文化融合其中，时至今日，凤凰原初的意义越来越模糊了。在英语里，常常将凤凰翻译为Phoenix或者Chinese phoenix。现代著名诗人郭沫若在20世纪20年代发表过一首非常著名的《凤凰涅槃》，被看作是破旧立新的时代号角、“五四”后的一声清鸣。郭沫若在诗首写道：

> 天方国古有神鸟名“菲尼克司（Phoenix）”，满五百岁后，集香木自焚，复从死灰中更生，鲜美异常，不再死。
>
> 按此鸟殆即中国所谓凤凰；雄为凤，雌为凰。《孔演图》云：“凤凰火精，生丹穴。”《广雅》云：“凤凰……雄鸣曰即即，雌鸣曰足足。”[①]

①郭沫若：《凤凰涅槃》，载《女神》，人民文学出版社，2000，第31页。

诗中亦云，“凤起舞，低昂！”，“凰唱歌，悲壮！”，凤唱“即即”、凰歌“足足”。

由于这首诗非常有名，很多人便笃信中国之凤凰，就是菲尼克斯。其实，这实是诗人的浪漫想象，将两种神鸟捏在了一起。钱锺书曾对黄永玉说过，它“是郭沫若一九二一年自己编出来的一首诗的题目。三教九流之外的发明，你哪里找去？”[②]萧兵在《楚辞与神话》一书中专门探讨了“凤凰涅槃”故事的来历，指出它在埃及—阿拉伯神话、古希腊的历史学和戏剧中都曾被提及，在佛教经典《增一阿含经》和美洲神话里也都有相似程度不同的故事原型，中国较早提到此事的文献是清代陆次云撰写的《八纮绎史》[③]。很多学者认为，彼Phoenix是指不死鸟，希腊历史学家赫罗多特斯说Phoenix身上有金黄、鲜红两种颜色，长得像鹰，善于歌唱。罗马诗人奥维德说它住在棕榈树上，拾肉桂、没药等香料入巢，有五百年寿命，在火焰中死去，死后会再生一只新不死鸟，它将飞往太阳神庙。《鹖冠子·度万》说“凰者，纯火之禽，阳之精也”，中国原始文化里的凤崇拜也常常与太阳崇拜联系在一块。很显然，Phoenix

②黄永玉：《比我老的老头》，作家出版社，2005，第8页。

③萧兵：《楚辞与神话》，江苏古籍出版社，1986，第194-196页。

与凤凰有些相似之处，二者都有神奇、艳丽、善于歌唱的特点，而且与火、太阳有关，被先民崇拜，充满了原始的想象力和神奇的力量，但是，Phoenix 却始终不太像中国的“雄鸣曰唧唧，雌鸣曰足足”的凤凰，因为不但外形不相似，而且中国的凤凰故事里也并没有浴火重生的桥段。

《凤凰涅槃》里的凤与凰到底是不是中国的凤凰，这并非郭沫若所在意的。对于现代人而言，人们并不介意诗人放纵想象，打通中西神鸟传说的桥梁，读者更关注的是诗中那种蓬勃燃烧的现代意识、狂飙突进的“五四”精神，对于中国大地的震撼，对于中国未来的期盼。

这一对凤凰也居住在丹穴山上：

山右有枯槁了的梧桐，
山左有消歇了的醴泉，
山前有浩茫茫的大海，
山后有阴莽莽的平原，
山上是寒风凛冽的冰天。

这里已经不再是祥瑞美丽的地方，一切都枯萎了，如同这个旧世界。在集香木自焚之前，像男性一样刚强的凤诅咒了这个世界：

茫茫的宇宙，冷酷如铁！
茫茫的宇宙，黑暗如漆！
茫茫的宇宙，腥秽如血！
……
宇宙呀，宇宙，
我要努力地把你诅咒：

你脓血污秽着的屠场呀！

你悲哀充塞着的囚牢呀！

你群鬼叫号着的坟墓呀！

你群魔跳梁着的地狱呀！

凰像女性向这个世界进行了哭诉：

五百年来的眼泪倾泻如瀑。

五百年来的眼泪淋漓如烛。

流不尽的眼泪，

洗不净的污浊，

浇不熄的情炎，

荡不去的羞辱，

我们这缥缈的浮生，

到底要向哪儿安宿？

这样的世界不值得留恋，二鸟无视岩鹰、家鸽、孔雀、鸱枭等凡鸟的嘲笑，在火中迎来壮丽的死亡，又在火中复生，与火融为一体，迎来了芬芳华美的新世界。

我们欢唱，我们翱翔。

我们翱翔，我们欢唱。

一切的一，常在欢唱。

一的一切，常在欢唱。

连续五节[①]的重复与排比，高亢到近乎疯狂地歌咏了新生的凤凰，火是摧毁一切旧事物的动力。重生后的凤凰已经有了新的内涵，因为它们与火融为一体，破旧立新之后，新的火凤

①《凤凰涅槃》中“凤凰更生歌”的“凤凰和鸣”部分，初版为十五节，后改为五节。

凰“新鲜”“净朗”“华美”“芬芳”“热诚”“挚爱”“欢乐”“和谐”“生动”“自由”“雄浑”“悠久”“欢唱”“翱翔”……，这些特质都是之前的凤凰所没有的，或者说，是《凤凰涅槃》问世以前的凤凰形象所不具备的，它们不要人膜拜，不需要装点物件，不屑于承载爱情，不沉醉于修德，凤凰披上了新文化运动的鲜活的色彩，他们自己有的是智慧、勇气和力量，他们看透了那个旧世界，于是自己来做时代的先锋，用熊熊的烈火，突破旧的牢笼，再造新我，再造新的世界。

郭沫若笔下涅槃的凤凰是灵感的产物，其创作过程有明显的幻觉型特点。郭沫若曾回忆道：

> 《凤凰涅槃》那首长诗是在一天之中分成两个时期写出来的。上半天在学校的课堂里听讲的时候，突然有诗意袭来，便在抄本上东鳞西爪地写出那首诗的前半。在晚上行将就寝的时候，诗的后半的意趣又袭来了，伏在枕上用铅笔只是火速地写，全身都有点作寒作冷，连牙关都在打战。那诗是在象征着中国的再生，同时也是我自己的再生。诗语的定型反复，是受着华格纳歌剧的影响，是在企图着诗歌的音乐化，但由精神病理学的立场上看来，那明白地是表现着一种神经性发作。那种发作大约也就是所谓灵感吧？[①]

①郭沫若：《郭沫若·全集文学编》，第十五卷，人民文学出版社，1990，第217页。

按照荣格的理论，郭沫若创作的那一刻，心灵是被民族的集体无意识所占据，他表现的不再是个体的自我，而是整个民族精神的集体声音，这个声音以凤凰的意象呈现着再生原型，喻示着民族未来的出路、应有的选择和光明的前景。从这个意义上说，涅槃的凤凰不是钱锺书所说的个人发明和编造，而是表达着集体无意识对民族的共同命运的预言。自从有了这首自由奔放的诗歌之后，凤凰意象就牢牢地与火缚在了一起，而且，凤凰的内涵也更加丰富了，凤凰于火中腾空飞舞，像是时代的激情和革新的先锋，自由、热烈，浴火重生……，这些本不属于中国凤凰的内涵与故事因为这首《凤凰涅槃》的广为传播而成为新的常识。

例如，骆一禾的这两首诗：

《凤凰》[1]

没有谁描写死亡
不用肯定的语气
除去那些唱死的诗人
没有一句话死去过
一千五百年的滩声　似于旧时
不要以为这是思想
那只是没有死净的话语
成了知识
实际上没有一句颂扬死亡的诗创造
只是注释

你若是中国的诗人
你要创立大地的艺术
看连翩的凤凰跳火焰的舞蹈

①骆一禾：《骆一禾诗全编》，上海三联书店，1997，第199页。

《凤凰，一个现代舞》[2]

……
而我仅有一只通明的盘子
一支音叉
一块震荡的清水
使那些沉睡的凤凰在巨大的盘中醒来

②骆一禾：《骆一禾诗全编》，上海三联书店，1997，第200页。

匍匐于酣畅如血的红光中
蠕动着赤裸的人体
奔放的呼喊轻声错落
没有意识　眩魅而痛楚

这两首诗的诗意都较为晦涩，但是都取了凤凰重生的典故，前一首诗表达作为一个诗人，要勇于创立真正根植于大地的艺术，敢于在诗歌中直面死亡，就如同火焰中舞蹈的凤凰，向死而生。第二首诗表现了“我”呼唤自我的觉醒，如同凤凰的醒来，重新获得凤凰般的自由和奔放，这是真正具有现代意义的舞蹈。

台湾诗人余光中也非常喜欢使用凤凰意象。

①余光中：《余光中集》第二卷，百花文艺出版社，2004，第178页。

《火浴》[1]

在炎炎的东方，有一只凤凰
从火中来的仍回到火中
一步一个火种，蹈着烈焰
烧死鸦族，烧不死凤雏
一羽太阳在颤动的永恒里上升
……
用死亡拱成，一座弧形的挑战
说，未拥抱死的，不能诞生
是鸦族是凤裔决定在一瞬
……
张扬燃烧的双臂，似闻远方
时间的飓风在啸呼我的翅膀
毛发悲泣，骨骸呻吟，用自己的血液
煎熬自己，飞，凤雏，你的新生

乱曰：

我的歌是一种不灭的向往

我的血沸腾，为火浴灵魂

蓝墨水中，听，有火的歌声

扬起，死后更清晰，也更高亢

这首诗非常动人，几乎再现了《凤凰涅槃》里的凤凰形象，它在东方，与火共生，每一步都是火种，凡鸟如鸦惧怕火，而凤雏不会。踏过火的死亡之桥，就能知道谁是鸦，谁是凤，真金不怕火炼，诗中有邀请宵小去较量一番的傲岸之姿。凤凰会像太阳一样在火焰里发出耀眼的光芒，它一样在火里会感受到刻骨的痛苦，但是天将降大任于斯，必须先经过这样的煎熬洗礼，先拥抱死亡，才能诞生更好的自我，这不正是《凤凰涅槃》里那一对于火中更生的凤凰战士吗？为了更好的自己，且去浴火重生。这是诗人自我的崇高追求，“蓝墨水”里也有“火的歌声”，写出更好的诗歌是他“不灭的向往”，“炎炎的东方”则表示凤凰也是我们古老民族的象征。

《小小天问》[1]

不知道时间是火焰或漩涡

只知道它从指隙间流走

留下一只空空的手

老得握不成一把拳头

只知道额头它烧了又烧

年轻的激情烫得人心焦

焦掉的心只剩一堆灰

为了有一只雏凤要飞

出去，颤颤的翅膀向自由

①余光中：《余光中集》第二卷，百花文艺出版社，2004，第326页。

不知道永恒是烈火或洪水
或是不燃烧也不回流。

在这首《小小天问》里，诗人余光中写出了一种焦灼的心态，时光飞逝，手里空空，把握不住的光阴，让年轻的心焦虑，因为心里有一只雏凤，它还很弱小，没有展翅高翔的能力，但是它依然向往自由飞翔，可以说，这是诗人当时情怀和情感的一种表达，雏凤就是内心的理想。

文学里的凤凰是古老的，向我们传达着蛮荒亘古的气息；是充盈的，积淀着历代文人的奇思巧慧、锦心绣口；也是流动的，正如“一时代有一时代之文学”，一时代也有一时代之凤凰的华彩文章。它有因袭的重担，更有当下的新声。凤凰的真身早已在历史长河中渺渺而去，不知其踪，于是一代代的人们就在凤凰的传说中植入自己的灵明和向往。就如同诗人欧阳江河在《凤凰》[①]这首诗里写的那样：

①欧阳江河：《凤凰》，《花城》2012年第5期。

人写下自己：凤为撇，凰为捺。
一种叫作凤凰的现实，
飞，或不飞，两者都是手工的，
它的真身越是真的，越像一个造假。
凤凰飞起来，茫然不知，此身何身，
这人鸟同体，这天外客，这平仄的装甲。
人类从凤凰身上，看到自己的形象。

我们看到，随着文明的发展和文化的进步，凤凰，这个古老的图腾拥有了越来越丰富的内容、越来越明晰的意涵，成为日常生活中人们喜闻乐见的文化符号、习语、隐喻和典故，它越来越远离了作为图腾崇拜对象和原始心理意象的本来面目。

正如荣格所言：

> 它们包含着原本是藏而不露的知识，并且以令人愉快的形象阐释灵魂的秘密。它们的庙宇、宗教经典以形象和文字的形式，昭告远古时代流传下来的神圣教旨，使其可以到达每一颗虔诚的心、每一双敏锐的眼、每一缕幽远的思想。事实上，我们必须指出，通过传统的演变和传承，形象在变得越漂亮、越崇高、越全面的同时，越是远离个人经验。虽然我们能够摸索着进入形象，感知到它的某些面向，但是原初的经验已然丧失。[1]

①卡尔·荣格：《原型与集体无意识》，徐德林译，国际文化出版公司，2011。

第五章

风灵：原型与彼岸之光

现实世界的图景具有确定及不确定性。江流天地外，山色有无中。现象世界川流不息，亦真亦幻，它的不恒常性和虚幻性，启发了佛家思想中的无常观和空观，一切法无常，一切法皆幻；也引发了古希腊哲学家皮浪的怀疑主义思想：保持怀疑精神，不对事物的本性做判断。但认识和把握规律，追求知识的确定性和普遍性，是人的本性的要求。知识的确定性要求排除怀疑，在划定的问题范围和规范的思考途径中去求问和解答，试图把一切超出上述范围的事物转化为它能解释的对象，或者干脆宣布该问题不成立。现代科学建立在“世界的物质性”这一信条基础上，它是我们认识世界的最基础的原则。但是卡尔·荣格对此有不同看法，他认为这是“西方意识的重大缺陷”：“它只允许承认一种现实，即由物理原因造成的现实。”[1] 正因为我们武断地限定了“现实”，所以现实的疆域才不断地受到“超现实”事物的威胁。对我们而言，凤凰的真与假的判断，似乎正处在现实与超现实的纠葛之中。

①卡尔·荣格：《荣格文集》，冯川译，改革出版社，1997，第 37 页。

知识来源于人们对现象世界的感官印象，感官给人提供的是“现实”的景象；但除此之外，人们对世界的感知还有潜意识方面，它会向人提供非现实的假象、事出有因的幻觉。我们不知道在那个漫长得无法想象的史前时期，凤凰是如何来到人们生活中的，日光之下，还是迷梦之中？原始人类对凤凰的印象如此深刻，对凤凰存在的信念如此普遍，它清晰的轮廓和鲜艳的色彩一代一代流传，跨越了地域和时代。这是一个流布深广的虚构物，还是一个被误认的现实动物，抑或是一个不断被添枝加叶、用来自欺欺人的神话？或者，它真的表现了人们以某种方式“看见”的东西？

学术界不乏对凤凰文化进行研究的学者，其基本观点几乎都是对当前科学观和世界观的演示。王大有《龙凤文化源流》、王维涅《龙凤文化》、徐华铛《中国龙凤艺术》、庞进《中国凤文化》和《中国祥瑞——凤凰》、刘德增《龙凤趣谈》等著作，都从文化、历史、考古和艺术的角度阐述了凤凰作为文化符号和图腾信仰在历史中的观念演变和艺术形式的变异，为凤凰研究提供了丰富翔实的资料，这些著作都将凤凰视为虚构之物，是现实动物的形象拼凑和融合，是人类童年时期粗陋心智和丰富想象的产物；何新的《谈龙说凤》独辟蹊径，指出凤凰的原型是鸵鸟，人们对凤凰的种种观念源于误认；钱济鄂先生的《凤凰考》提出的见解颇为新颖，他认为凤凰确实存在过，历史文献的种种记录不应一概斥为虚妄之言，但凤凰随着人类文明的发展和自身进化中的问题，已经灭绝。从上述研究的观点中可以看到，在当代的思想观念里，凤凰是“虚构的现实”“被误认的现实”或“已经消失的现实”；但是它一再被人们提起，拒绝被遗忘，像一个执着的反复出现的梦境。除了作为文化符号被日常生活的机缘信手拈来，它还有源于自身的某种魅力，携带着历史深处的神秘性和生命力。在某种意义上，它来自潜意识的世界。

梦是潜意识的集中之地，交织了个人潜意识和集体潜意识。对弗洛伊德来说，梦是通过凝缩和移植来曲折地加以表现的欲望；但在卡尔·荣格那里，梦从来不需要伪装，它是自然而然的心理现象，言说着自己的意义；只不过这意义难以被我们的意识所理解。潜意识并不是某种类型的贮藏被压抑的欲望的巨大洞穴，而是一个世界，与我们显意识中的世界一样真实，对于个体生命一样重要。潜意识世界使用的语言是象征，人与之交流的手段是梦；“梦是潜意识的具象表征”[①]。按照这一观点，如果凤凰是来自人的潜意识世界，那么关于凤凰的梦就是在传达着某种神秘的象征。

①卡尔·荣格：《潜意识与心灵成长》，张月译，译林出版社，2014，第15页。

第一节　凤凰入梦：不可规约的原型

凤凰来仪是世之祥瑞，凤凰入梦则只能是由个人认领的事。梦见凤凰，古人认为预示着神秘的天才、过人的才能和巨大的成功。

东晋葛洪在《西京杂记》中记载：“扬雄读书，有人语之曰：‘无为自苦，玄故难传。’忽然不见。雄著《太玄经》。梦吐凤凰集‘玄’之上，顷而灭。”[②]扬雄著《太玄经》，以“玄”为中心思想，从天、地、人三方面揭示整个宇宙的秩序，同时提出浑天说，即认为恒星都分布在一个球体上，日月星辰在球周围运行。这种人为的宇宙体系不像《周易》来自观察自然的体系，而是将儒、道思想杂糅，运用阴阳、五行思想及天文历法知识，以占卜的形式描绘了一个烦琐的世界图式。建构这样的思想体系确有自苦之嫌，是显意识中的理性思辨活动，但随后梦见吐凤凰集于“玄”字，则是潜意识的工作，预示作者的才华足以胜任。这一则故事记事过于简略，无法得知那个冥冥中的声音响起时，扬雄是否已有写作《太玄经》的打算，但这一幻听现象和凤梦都蕴含着丰富的潜意识内容，对这一才华横溢之作的前景做出了准确的预测，特别是“口吐凤

②葛洪：《西京杂记》，中华书局，1985，第12页。

凰”的意象，呈现了这个梦与个人灵性和天才的密切关系；后来“吐凤”成为文学典故，喻文才出众之士，唐李商隐有“朝满迁莺侣，门多吐凤才”的诗句。

以一种文化形象的方式出现的带有预言性质的梦，与荣格所说的集体潜意识（或译“集体无意识”）有关。在荣格看来，人的心灵由意识、个体潜意识和集体潜意识三部分构成。个体潜意识是潜意识的表层部分，由情结构成，是被遗忘和压抑的个体后天经验，“包括所有个体生命的获得物——所有被遗忘的、被压抑的、下意识领悟到的、想到的和感受到的一切”[①]；集体潜意识则是得自遗传的集体的、先天的“原型”，“集体潜意识是心灵的一部分，它与个人潜意识截然不同，因为它的存在不像后者那样可以归结为个人的经验，因此不能为个人所获得。构成个人潜意识的主要是我们曾经意识到，但以后由于遗忘或压抑而从意识中消失了的内容；集体潜意识的内容从来就没有出现在意识之中，因此也就从未为个人所获得过，它们的存在完全得自于遗传。个人潜意识主要是由各种情结构成的，集体潜意识的内容则主要是‘原型’。”[②]集体潜意识的这种集体性，是指它普遍存在于所有人身上，是超个性的心理基础，然而其本身却又是不可认识的，“它所指的是一种在时间和空间以外的另一种现实，它本身是永远不可直接感知的物自体”[③]，它不涉及经验内容，与自我不相关，但它在人的意识里创造出梦、幻想等产品，显示自身的存在，如同物自体在现象界里呈现出种种现象。因为它不是发生在个别人身上而是被人们普遍共有，因而集体潜意识又是客观的。它使人们具有了大体相似的行为模式、思维方式，以本能和原型的形式通过遗传的方式传递。

荣格曾以大量的案例证明，梦是潜意识的自发产物，是未经粉饰的真实，而且常常是对未来的预言：“现在梦里出现的事

①卡尔·荣格：《心理类型》，吴康译，上海三联书店，2009，第410页。

②卡尔·荣格：《荣格文集》，冯川、苏克译，改革出版社，1997，第83页。

③卡尔·荣格：《荣格文集》，冯川、苏克译，改革出版社，1997，第6页。

件，可能潜伏于未来。同我们有意识的思想一样，潜意识和梦也常常忙于未来和可能性的事。”[①] 第一次世界大战前不久，荣格做了一个欧洲被淹没在血海中的噩梦，他认为，这是战争和瘟疫的征兆。在人类的集体无意识中，一定的意义总是与特定表象联系在一起。潜意识对未来的预言采取了凤凰的表象，这一表象与个人的灵性、思想以及艺术才华相关，特别关乎语言文字的才能，正如智慧与老人形象（智叟原型），青春、光明与青年男子形象（太阳神原型）总是相关一样，它们构成了原始意象，或称原型。荣格认为，集体无意识不是后天习得，而是与生俱来的。原型来自人类无数世代中重复了亿万次的典型经验的遗传，它原是个体化地呈现着无意识内容的表象，一旦经由意识的改造并且被感知，而后以公共性的表象形式呈现出来，就是神话和童话；凤凰在梦中出现，必然携带着潜意识内容，充满对未来的预示，如荣格所言：“在人类的理解领域之外，存在着无数众多的事物，于是，我们便不断应用象征性的词语，来代表那些我们不能规定其意义、不能完全理解的概念。这就是为什么所有的宗教皆使用象征性语言、象征性意象的一种原因。不过，象征的这种有意识的应用，仅仅只是具有极为重要意义的心理学事实的一个维面：人类同样也潜意识地、自发地、以梦的形式来创造象征。”[②] 无论凤凰在现实中是否真的有过，携带着祥瑞预言的凤凰梦境，无疑是一个潜意识的创造，凤凰是一个来自集体无意识的公共原型。

①卡尔·荣格：《人类及其象征》，张举文、库文荣译，辽宁教育出版社，1988，第58页。

②卡尔·荣格：《潜意识与心灵成长》，张月译，译林出版社，2014，第4页。

扬雄吐凤，罗含吞凤。罗含是晋代思想家和文学家，《晋书·文苑传》载：

> 罗含字君章，桂阳耒阳人也。曾祖彦，临海太守。父绥，荥阳太守。含幼孤，为叔母朱氏所养。少有志尚，尝昼卧，梦一鸟文彩异常，飞入口中，因惊起说之。朱氏曰：“鸟

有文彩，汝后必有文章。”自此后藻思日新。

罗含少时梦见一只文采华丽的鸟飞入口，从此文采斐然，才华大进。后人就用“梦中吞鸟、梦鸟、吞鸟梦、吞彩凤”等说法，谓才华出众或文辞华美。与扬雄比起来，二人一吐一吞，吐为才华的施展，吞是能力的获得。凤凰在这里代表的是一种艺术的神力，性质类似诗神缪斯，获得创作需要召唤她的凭附。这个故事传达出的意味，是在表明艺术才能不是天赋的，而是具有某种偶然性，人通过梦境与神秘的力量交接，获得神力的加持。凤凰似乎不是这个赋予力量的灵体本身，而是加持过程和获得神力的征兆，与李白梦笔生花相仿。在人神之际，凤凰依缘而生，如幻花之境，从空而有，但只是作为象征的表象出现，此为梦幻泡影，不是真如实相。

南朝齐世祖萧赜、陈代徐陵以及唐朝张鷟亦有凤梦。据《南齐书》载：

> 世祖年十三，梦举体生毛，发生至足。又梦人指上所践地曰“周文王之田”。又梦虚空中飞。又梦著孔雀羽衣。庾温云：“雀，爵位也。”又梦凤皇从天飞下青溪宅斋前，两翅相去十余丈，翼下有紫云气。及在襄阳，梦著桑屐行度太极殿阶。[①]

①萧子显：《南齐书》，中华书局，1974，第353—354页。

萧赜是个有作为的君主，在位期间关心民生，倡办学校，挑选饱学之士任教，重视道德教化。治国尚俭，不喜欢游宴、奢靡之事。幼年所梦之凤，体量巨大，气势巍峨，亦与文章教化有关。

徐陵幼年聪明俊秀，后为宫体诗人，辑有《玉台新咏》，其文才与庾信齐名，有“徐庾”之称。《陈书·徐陵传》载：

“母臧氏，尝梦五色云化而为凤，集左肩上，已而诞陵焉。”[1]五色云也是古人心中的祥瑞，与凤之五色成文相应。凤凰是比拟才俊之士的公共意象，在徐陵母亲的梦中显现，是一次集体无意识的涌现，发挥了预言未来的功能。在《新唐书·张荐传》中，也提到张荐的祖父张鷟儿时梦见凤凰：

①姚思廉：《陈书》，中华书局，1972，第325页。

> 张荐字孝举，深州陆泽人。祖鷟，字文成，早惠绝伦。为儿时，梦紫文大鸟，五色成文，止其廷。大父曰：“吾闻五色赤文，凤也；紫文，鸑鷟也。若壮，殆以文章瑞朝廷乎？”遂命以名。调露初，登进士第。考功员外郎骞味道见所对，称天下无双。[2]

②宋祁、欧阳修等：《新唐书》，中华书局，1975，第4979页。

鸑鷟是五凤之一，身为黑色或紫色，其名常用作凤凰的代称，如《国语·周语上》：“周之兴也，鸑鷟鸣于岐山。”韦昭注：“三君云：鸑鷟，凤之别名也。《诗》云：‘凤皇鸣矣，于彼高冈。’其在岐山之脊乎？”又如《宋书·武帝纪中》：“周道方远，则鸑鷟鸣岐。”一说，鸑鷟象征着坚贞不屈的品质。

另一例凤梦来自南北朝至隋唐时的道士王远知。王远知是一位富有传奇色彩的预言家，曾准确预言隋炀帝的灭亡、李渊和李世民登基以及武则天为女主等事，寿终时年一百二十六岁。

> 道士王远知，琅琊人也。祖景贤，梁江州刺史。父昙选，陈扬州刺史。远知母，梁驾部郎中丁超女也。尝昼寝，梦灵凤集其身，因而有娠，又闻腹中啼声，沙门宝志谓昙选曰：“生子当为神仙之宗伯也。”[3]

③刘昫等：《旧唐书》，中华书局，2000，第3485页。

灵凤集身是梦境，闻腹中啼声是幻听，都属于潜意识的工作方式。荣格认为，潜意识中的任何事件都以梦的形态向我们展现，在梦中，潜意识内容不是作为理性的思想，而是作为象征性的意象向我们浮现出来[1]。由于人的潜意识中保留着通过生物遗传积淀下来的祖先经验。随着文明发展的进程，日益强大的理性使无意识完全被遮蔽和覆盖，只有当意识沉睡或削弱时，集体无意识才能通过原型而得以显现。集体无意识以一种不明确的记忆形式积淀在人的大脑组织结构之中，在一定条件下能被唤醒、激活。正常意识被打破的状态下，心灵就回复到原始人的无意识自发思维状态。原型有时亦称为“原始意象”，它是同一类型的无数经验的心理残迹。凤凰也是原始生活记忆的碎片，它随着与远古情境契合、相似或相关的某种生活境遇被唤起，表达着历史深处的人类情绪：惊奇、希望、神秘、福祉和彼岸的消息。原始人的智识和生产力低下，获取知识困难，已获得的有限知识就被极度扩张了适用范围乃至被转化为信念，成为具有超强解释力的神秘观念，成为原始人的知识编码的基本要素和程式。由于原始思维“互渗律”的作用，原始人不能区分主体与客观世界、生命与非生命、精神与物质、物理事实与心理事实；他们的整个世界处在人我不分、天人合一的境界，个别的、偶然的联系被当成普遍的、必然的联系，从而使世界中的各种事物具有了虚构的和神秘莫测的属性，他们的集体意象特别是图腾被认为具有超自然的灵力。其实，这并不是一种极端愚蠢的谬误，因为按照某种信念来解释世界及其现象，只采信我们现有知识中的已知项作为解释的基础，这也正是我们今天的知识系统所具有的特点。那些包揽一切问题答案的神秘观念，与我们今天所说的“普遍规律”和“普遍真理”的差别，主要是程度上的。

①卡尔·荣格：《潜意识与心灵成长》，张月译，译林出版社，2014，第5页。

潜意识会以非理性的思维方式对人的当前状态和未来趋势做出判断，并在人的特定生活阶段对未来发出预言或预警。

需要指出的是，这种潜意识的工作不仅发生在梦中，也可能发生在光天化日之下，在理性意识占统治地位的日常生活中显现，比如，出现幻听幻视，乃至引起现实事物的变化。潜意识对人们生活发生作用的方式和影响力是当前知识无法解释的，因而也是被选择性忽略的。荣格在他的著作中记录了大量亲身经历的奇特事件，“他有好几度见过幻象，其中一次包括他的好友尉礼贤临死前显像于其床前；他也有好几次类似心电感应的经验，而且事后证明都非常灵验，他也曾经历过灵魂出窍；他在古建筑里居然可以看到早在中世纪时已被烧毁的壁画；他曾夜宿古战场，整晚都闻到古战鼓声；他也善于做梦，而且做的梦都具有丰富的意义。荣格的老家还因受到灵媒做法的影响，结果导致硬木桌迸裂，铜刀也断成数片，至今其证物仍在。我们不怀疑荣格的精神状态，但他的体质确实很特殊，他能看到常人看不到的，能经历常人所不能经历的。”[1] 上述光怪陆离的情景，在荣格那里都被归入了潜意识的范围，它们类似宗教异象、巫术迷幻、萨满出神等被现代科学嗤之以鼻的东西，也与原始人和古人所铭刻和记载的凤凰现身的景象略同，即都出于集体潜意识的作用，荣格对它们的真实性深信不疑。

①卡尔·荣格：《东洋冥想的心理学》，杨儒宾译，社会科学文献出版社，2000，译者前言第6页。

当代学者钱济鄂先生在他的《凤凰考》一书中，描述了自己关于凤凰的梦境。

> 凤，于吾无所好。惟丙、丁年，凡十一月之内，先后梦凤两次，则不得不称奇焉。
>
> 一次乃丙辰年八月初一，晨八时正，梦与一不识者，立于广场，指点河汉，闲话星斗。互见阴霾远方，有玄鸟回翔，愈转愈小。其小如雉，余好奇，挥手招之。则飞临头上，不断盘旋，翙翙有声。因见其体形硕大，胆为之怯，恐其啄蹴。急上伸左拳，拒之。忽倏然下降，左足栖拳，右

足踏肩，俯首作人言，索饮。其二长尾则自右腋下，向前绕出，约七尺许。人固早被压倒。视则凤尾也。

一次乃丁巳年六月初九，晨五时正。梦不知游何处，忽下瞰有一大岩洞。洞作浅石绿色，其广盈丈。内盘一巨蟒，颈约碗口粗，透明而色作微粉绿，似魋，正试赤信。余急飞去。途中，且呼人速逃。抵四周有高墙之处落地。余掐诀起步，交叉蹒跚侧行，口作咒语，意欲制之。不知是否，即古书所云之步罡踏斗、禹步也。俄见八尺余高丹凤，亦飞临止庭。嫌其碍事，遂推之，比人高之假山上立。侧看此凤，长颈有冠，鲜明如丹。略垂尾翣，约体长二三倍；长者在上，愈小愈短；短者约体之一倍，计七八枚。每枚之中，略有间隔，至杪益宽。又走来三小雏，如母鸡大，短足，色粉红，身有几条黑斑。在旁游走。斯时，余忽变为无相人，虚立太空。见彼等在下，急走大圈，不禁顾盼自问，其在作甚？此凤飞此又为何？遂蘧蘧然觉。[1]

[1]钱济鄂：《凤凰考》，宏文艺苑，2001，“缘起”首页。

钱济鄂先生两次梦凤后，感其异，遂作《凤凰考》一书。梦中的凤凰真切生动，细节宛然。“凤作人语”和脱体出神的情节，以及梦者在梦中做出了自己并不熟悉、事后反思才略知大概的步罡踏斗、禹步、念诵咒语等行为，都涉及神秘体验，说明梦中的情节不是被显意识所理解的，而是被无意识支配的。凤凰原型并非生活场景、寻常事物的印象，而是与无意识所包含的原型有关，与那个我们尚不知悉的属于千万年来人类的内在经验息息相关。无意识奉行着神话的逻辑，与生活世界的常识几乎没有相关之处，仿佛一种无历史的、无时间性的在我们心底沉睡的经验或人格。这个潜意识的世界是一个被理性意识压抑了的灵性的世界，它暗自支配着人的生活而又不为人所知。对荣格来说，灵性并不是一种外在于现实世界的超自然奇迹，它就在现实之内、世界之内，人们看不到灵性是因为缺乏想象力，“我们正常知觉的限制性使世界看起来很平凡，而非凡的直觉性的感知则释放了灵性，给现实增加了新的维度”[1]。就其潜力来说，灵性是每个人与生俱来的能力，是一个普遍的事实。通过对直觉的敏感和对想象力的释放，去聆听栖息于我们内在精神中的集体无意识的声音，体验铭刻在我们肌体中的祖先经验，是进入那个无意识世界的有效通道。

①大卫·戴西：《荣格与新时代》，龚艺蕾译，世界图书北京出版公司，2015，第20页。

在荣格的意义上，无意识又包括个人无意识和集体无意识两个层面。他比喻说：高出水面的小岛代表一些人的个体意识的觉醒部分；由于潮汐运动才露出来的水面下的陆地部分代表个体的无意识，作为所有岛屿最终基地的海床则是集体无意识。可见，集体无意识就是代代相传的无数同类经验在某一种族全体成员心理上的沉淀物。梦中的凤凰作为一种原型，是集体无意识在特定情境下为表现自己所采取的形式。这一形式或出于幻想的创造，或来自遗传基因中的祖先古老经验，它负载了特定意义，随时会被现实生活的情境激活，并向人传达出它古老的预言。就像荣格曾经多次做过的有预言意义的梦一样，积淀着无数世代遗传经验的人类有丰富的集体无意识，它并不是一个超自然的灵体，而更像一个知识宝库，或一种把握现实并以相应的原型与之匹配的机能，能为无数具体生活情境提供相契合的原型形式，并以无意识的方式显示未来的趋势和结果。集体无意识存储在人的大脑中，携带着祖先生活的全部信息和经验；它们被凝聚和积淀在大脑结构中，形成各种“原型”，作为先天的框架影响和制约幻象和梦的产生。集体无意识以表象的形式出现，具有族群和文化的特点，这一点在列维—布留尔对原始思维的相关研究中已做了揭示：

> 这些表象在该集体中是世代相传；它们在集体中的每

个成员身上留下深刻的烙印……它们的存在不取决于每个人；其所以如此，并非因为集体表象要求以某种不同于构成社会集体的各个体的集体主体为前提，而是因为它们所表现的特征不可能以研究个体本身的途径来得到理解。[①]

①列维－布留尔：《原始思维》，丁由译，商务印书馆，1985，第5页。

这也解释了史前时代凤凰形象的广阔分布的原因：它是生活方式和地域相近的族群所共享的原型。因此我们可以如此推断，原始人的凤凰图腾和造型的来源之一可能是梦和幻象，该意象形成的原因已远不可追，它们或属于原始先民的更为古老的远古记忆，或来自原始人类共同的心理创造。从远古到今天，它作为集体无意识的原型不断地出现在人们的精神层面，表达着我们内心的愿望，言说着现实的真相，指示着可能的未来。

荣格发现，存在于古代神话、部落传说和原始艺术中的某些意象，会反复地出现在不同的民族、部落或精神病患者以及儿童身上。例如，在印度教和藏传佛教仪式中，信徒会使用一个圆圈内置十字框架并有繁复图案的符号，以引导信徒进入冥想境界。这种圆形图案通常用十字结构分成四个部分，荣格把它们称为“曼陀罗式样”。荣格指出，这种图案几乎在每一种文化中都曾经出现过，包括基督教和藏传佛教，这就是所谓太阳轮。早在车轮发明之前，曼陀罗式样就已经存在了，因此它也不是来自外部世界经验，而是某种内心经验的象征。除了出现在各种文化和宗教中，在精神病患者和儿童那里，还有个人化的曼陀罗图案。

二十多年前（1918年），在我调查研究集体潜意识的过程中，我发现了存在着一种类型相似的显然具有普遍性的符号——曼荼罗符号。为了肯定我的发现，我花了十余年时间收集另外的资料，然后才首次宣布我的发现。曼荼罗是一种原型性意象，它的出现经历了时代的证实。它意味着自性具有完整性。[1]

①卡尔·荣格：《荣格自传》，刘国彬译，国际文化出版公司，2005，第315页。

荣格认为共同的原始意象基于共同的心理土壤，这种反复出现的集体性的原始意象，是人类远古生活经验的显现。曼陀罗图案是如此，那么凤凰也许同样如此。当主体处在梦中或意志力削弱等意识放松状态下时，精神就可能回返原始的集体无意识状态，唤醒在人身上沉睡的远古人类经验。

然而这种集体无意识或集体表象的作用，并不限于提供预言或指导，它还创造实实在在的奇迹，以超现实的力量干预现实，制造无法还原为物质性原因的社会现象，荣格将其称为“心灵致动”现象，即人的心理状态对物理事件发生影响。除了前面提到的荣格亲历灵媒的神秘力量使铜刀崩断等事件之外，大量关于巫术、萨满活动的记载都指向“灵异”世界对现实的影响，一些现象至今仍然无法解释。比如在东北亚地区萨满巫师的传承中存在的“神抓萨满”现象，“它是指本族先世萨满的灵魂回转，附着于该族某一成员身上，使被附者产生一系列反常举止，出现一些奇特症状，突然间掌握了许多常人难以达到的技能”，所引起的变化包括语言、肢体动作、格物和行为方式。

多数表现如精神癫狂、突发奇病、久病不愈、神志恍惚、情绪狂躁、四处奔跑、不畏严寒。在举止言行方面往往一反常态，许多举动，往往在不知不觉中完成，甚至不能自已、无法自控。平时沉默寡言，突然变成口若悬河，谈笑风生；平时情欲淡薄，现在则情欲若狂；平时不擅唱、跳，现在却成为氏族传承的歌手和舞蹈家；而且演唱的歌曲和表演的舞步，许多并非授自于氏族长者，甚至与其生活的年代相去甚远。如突然唱起祖先时代的歌曲，跳起古时的舞蹈，似乎自己的意愿受到某种突发情趣牵动，使之咏唱跳跃不息，时间可达几昼夜。在技能方面，一个普通人一旦被神抓成为萨满，便表现出超凡的技艺和能量。[1]

①郭淑云：《多维学术视野中的萨满文化》，吉林大学出版社，2005，第142—143页。

成为萨满以后，它们可以与祖先的灵魂以及各种神灵交流对话，看见另一个世界的灵异景象，揭示现实世界的秘密，或通过跳神医治病人，并预言氏族的未来。

中国西南部的少数民族中也有很多类似的现象。云南的景颇族人民在漫长的社会历史进程中形成了自己的传统信仰，按其习俗，每年会举行名为“目瑙”的宗教性庆典，由祭司（称为“董萨”）主持祭祀太阳神（称为“木代”）的仪式，并念诵民族史诗《勒包斋瓦》。《勒包斋瓦》是古代景颇族人民的神话和知识总集，其中有关于宇宙的形成、开天辟地、天地万物以及人类社会诞生的相关内容。《勒包斋瓦》是一部宗教经典，由经师（巫师）传承念诵。在景颇语中，巫师被称为董萨，董萨念诵经卷的能力不是来自正常的传授学习，而是来自“阴授”，即人处在睡梦、重病、昏迷中的神灵传授。云南少数民族阿昌族的传统信仰中也有类似的现象，阿昌族的创世史诗《遮帕麻与遮咪麻》包含了大量的原始巫术内容、符兆观念和咒语，它受到非常的尊崇，仅仅在举行祭祀和丧葬仪式时由巫师“活袍”来念诵。活袍同样是在非正常状态下才能获得巫师的种种能力。国内学者张英、赵毅以梁河县大活袍赵安贤为例，讲述了这一奇特现象：

赵安贤活袍系梁河县九保乡曹家寨生产队人。他成为阿昌族著名活袍，在现实生活中并没有具体的师傅传授给他，而是他在21岁的时候突然身染重病，浑身发寒发冷，每到下午就昏迷不醒，在意识不清的情况下，他感觉自己飞到了天上，与各种妖魔鬼怪作殊死搏斗，最终见到了人类的创世大神遮帕麻与遮咪麻，他们传授给他巫术教他诵经，向他讲述创造天地的故事，十多天后他不治而愈，从此能诵经并主持宗教活动，用巫术驱鬼治病，并能独立完整地演唱创世史诗，讲述神话故事。[①]

①张英、赵毅：《试论德宏州民族文化传承中的“集体无意识”现象》，《学理论》2010年第28期。

再如西藏墨脱县珞巴族中有一种通神女巫，成为巫师之初必然呈现疯狂状态：

赤身裸体在村内乱跑，抓自己的身体，甚至跑到山上，从崖上往下跳。这时群众认为有神附在她身上，乃为其找一老女巫教她事巫的各种本领，久而久之即成巫师。这种女巫一旦请神，又再入疯狂状态。[②]

②史波：《神鬼之祭——西南少数民族传统宗教文化研究》，云南教育出版社，1992，第141页。

跳崖而不受致命伤害，这超出了集体无意识导致主体精神世界变化的范围，已不能单纯用心理状态来解释了。过去由于人们对心理学、认知学研究的欠缺，这种现象往往被归为封建迷信而遭到制止；今天，越来越多的证据表明这种现象是确实存在的，已有学者对它展开专门的研究，并从荣格的集体无意识理论的角度加以探讨和解释；但相关研究处在现代自然知识和社会知识的包围之下，从问题的提出到解释的路径都有不可触犯的禁忌，进一步的探索举步维艰。

更不可思议的是发生在西藏说唱《格萨尔王》的艺人群体中的现象。《格萨尔王》是藏族的民族史诗，篇幅长120多卷、2000多万字。这部史诗以口耳相传的传承方式，形成了一种口头性曲艺“说唱”的表演形式。《格萨尔王》说唱的艺术传授过程充满了神秘色彩，其中的“神授艺人”现象被称为史诗研究中的“斯芬克斯之谜”，艺人们声称受到格萨尔王或其他神灵的感召，是神灵授予他们吟诵才能，无论听众想听史诗的哪一部，艺人们都能像从电脑中检索、提取信息一样，把所需的部分说唱出来，手舞足蹈，随口说唱，可以几天不停。[①] 这令人联想起苏格拉底对颂诗者伊安的所说的观点：颂诗的本领来自诗神所授的灵感。

①吴子林：《“安尼玛的吟唱”——〈格萨尔〉神授艺人的多维阐释》，《文坛纵横》2013 年第 5 期。

> 你这副长于解说荷马的本领并不是一门技艺，而是一种灵感，像欧里庇得斯所说的磁石，就是一般人所谓“赫拉克勒斯石”。磁石不仅能吸引铁环本身，而且把吸引力传给那些铁环，使它们也像磁石一样，能吸引其他铁环。有时你看到许多个铁环相互吸引着，挂成一条长锁链，这些全从一块磁石得到悬在一起的力量。诗神就像这块磁石，她首先给人灵感，得到这灵感的人们又把它递传给旁人，让旁人接上它们，悬成一条锁链。凡是高明的诗人，无论在史诗或抒情诗方面，都不是凭技艺来做成他们的优美的诗歌，而是因为他们得到灵感，有神力凭附着。[②]

②柏拉图：《文艺对话集》，朱光潜译，人民出版社，1963，第 5—6 页。

藏族学者降边嘉措将《格萨尔王》说唱艺人归纳为 7 类：一、托梦艺人；二、顿悟艺人；三、闻知艺人；四、吟诵艺人；五、藏宝艺人；六、圆光艺人；七、掘藏艺人。其中，托梦艺人、顿悟艺人、藏宝艺人和圆光艺人有较强烈的神秘色彩，是通过梦境获得神秘力量的凭附而具备说唱《格萨尔王》的技能和知识，或顿悟自己与生俱来的相关记忆，以及从铜镜中看到相关故事的画面而掌握史诗内容。以托梦艺人为例，这种神授诗艺的具体方式是做梦。一个从未接触过格萨尔王故事的孩子，因为奇特的梦境而突然获得不可思议的说唱能力，在数天之内拥有了海量的、必须通过长期艰苦学习才能获得的历史、文化和宗教知识，这在藏族地区是神奇却并不令人意外的现象。学者吴子林生动地描绘了这一现象：

> 斯塔多吉是目前最年轻的“神授艺人”，是“边坝格萨尔说唱”代表性传承人，西藏大学文学院2010级学生。不久前，在西藏大学中心会议室里，我有幸现场欣赏了他的《格萨尔》说唱。
>
> 斯塔多吉身穿一件用红色绸布特制的衣服，头戴一顶“仲厦”，出场时给人一种“玉树临风”的感觉。他说唱的是“门岭大战”的部分内容。只见他双手合十，静思片刻，身体就如电击一般，骤然精神抖擞；“阿拉拉毛唱阿拉，塔拉拉毛唱塔拉”，两句唱词一出，千军万马就从嘴里不可阻遏地奔涌而来；他时而微闭双目，时而睁大双眼；时而面带笑容，时而表情严肃；他宛如沉醉在仙境之中，声调雄浑深沉，节奏明快起伏，大河奔流一般……[①]

①吴子林：《“安尼玛的吟唱”——〈格萨尔〉神授艺人的多维阐释》，《文坛纵横》2013 年第 5 期。

吴子林在文中提到，斯塔多吉本人 9 岁之前也不知道有格萨尔这个人的存在。9 岁那年，上小学三年级的斯塔多吉做了一个梦，梦见两个人将他带入了一个大帐篷，帐篷内有王者（后来知道是格萨尔王），并有很多大将簇拥。大王命人拿出一大摞经书，要他吃下去，然后让他沿着一条彩虹去仙界，至此梦醒。斯塔多吉醒来后觉得肚子里满满的，下午上课时眼前又浮现出很多故事情节，有一种讲出来的冲动，但并不知道这些是关于《格萨尔》的故事。上课时他表示想讲故事，得到老师的允许后就讲了整整一节课的故事。下课后老师对他说：“你讲的是《格萨尔》。”[②] 这个情节容易让人联想起《圣经》中以西结、耶利米和使徒约翰先后经历的“吃书卷”的异象。通

②吴子林：《“安尼玛的吟唱”——〈格萨尔〉神授艺人的多维阐释》，《文坛纵横》2013 年第 5 期。

过“吃”来获得灵性的增长和精神的新生，特别是通过“吃书卷”来获得知识信息和神启，这是许多宗教和信仰共有的原始意象，具有集体无意识的普遍性，与个体身心的巨大改变有紧密的联系。

这些现象也许可以解释为集体无意识的唤醒使主体获得了祖先的知识、技艺和情感，并激发了主体身上沉睡的潜能；然而，在众多事例中，神秘力量对现实的影响与对未来的预言，已经溢出了主体身心的范围，引起了现实领域和物质实在的变化，超越了古老记忆所能涵盖的功能范围。集体无意识似乎只能解释这些现象中的一部分原因，而更为惊人的指涉，是关于一种未知的存在——当我们使用“存在”这个语词去描述这个未知世界时，已经部分地改变了这个词的含义。一个未知的世界，或者说，这个世界的那些未知部分，是以什么形态与我们共在的？这个情形与我们在说“凤凰存在”时，有某种相似之处：“存在”的凤凰，是在什么意义上的“存在”？

提出这样的问题，让超自然因素介入对现实的理论分析，明显有违科学精神，有违我们从物质实在出发探求事物本质规律的原则。但另一方面，这也可以看作当科学穷尽了自己的解释力时我们被迫做出的反思。科学预设了自己物质主义的原则和出发点，而这一预设与其说是科学的，不如说是形而上学的，它基于一个不容追问和反思的公设，用对知识合法性的规定抵挡了对知识合法性的质疑。考虑到人们的认识能力上的历史局限，我们也可以说，那些“超自然”因素超越的不是“自然”，而是超越了我们过去对“自然”的设定。美国当代哲学家夏佩尔指出，应该反对在科学标准问题上的预设主义和相对主义。他认为，科学自发地为自己立法，为自己颁布法则和标准，并不需要借助外在的、预设的、超越科学活动之上的更高标准，不需要形而上学的先验规定。

真正的困难在于，存在着各种各样的可能性，并且认为我们能认识到的所有这些在未来科学中可能出现的可能性的观点是十分愚蠢的。甚至对于我们所认识的一切，我们也不能排除这种可能性，即我们可能得出这样的结论：我们不能够理解事物“实际上像什么”，甚至连在“实际上像什么”这一观念本身也可能是不适当的……研究自然以前，科学的目标不能以任何方式加以限制。[①]

①达德利·夏佩尔：《理由与求知》，褚平、周文彰译，上海译文出版社，1990，第431—432页。

预设主义是指以柏拉图、康德、早期维特根斯坦和逻辑经验主义为代表的科学观，这种科学观持有一个共同的假定，即在寻求知识的事业中有某种预设的或基本的或必然的东西，它们不会被任何新知识所修正或摒弃。这些被预设的原理或规则被看作科学的基本特征，比如：自然界的“齐一性原理”，即自然界总是以同样方式起作用；自然界的“简单性原理”，即自然界最终是简单的；自然界的“统一性原理”，即自然界有可能用一种统一的理论理解，等等；以及诸如“证据”“观察”“理论”“解释”“确证”等方法及其要素[②]；相对主义则是以库恩和费耶阿本德为代表的另一科学观念，它把科学和知识看作人们随意预设的一种功能，否定新旧知识和理论有通约的可能性，因为在库恩看来，科学革命是非累计性的结果，旧范式由一个完全或部分不相容的新范式所取代，这样就取消了科学发展的连续性。这等于宣布，科学没有自身固有的规定性。通过批判预设主义和相对主义这两种倾向，夏佩尔指出科学是永远变化和永远演进的事业，其中不存在不可抛弃、不可修改的真理，不存在神圣不可侵犯的东西；同时，科学在不同时间阶段上的观点和主张又是相互联系的，并非不可通约。

②曾永志：《元科学探讨的历史演变——超越预设主义与相对主义》，《东北大学学报》（社会科学版）2010年第6期。

选择性忽视那些不可解释的现象，以达到回避问题、维护现有知识系统的态度，正是夏佩尔所批评的预设主义立场的表现。这种态度固守着形而上学对科学的预设，阻止了认识活动、知识边界可能的扩展，也阻止了知识框架和世界模型可能的改变，把科学变成了一种信仰，从而也以排他性的姿态拒绝了有违信仰的那部分现实。神秘事物在经验世界中的痕迹，被当作虚妄和荒诞的东西被悄悄抹去。今天，呼唤富有神性和诗意的生存方式不是出于信奉某种时尚的生活态度，也不是炫耀一种文化姿态或宣扬某个哲学教条，而是出于对人的理性带来精神上的自我设限的厌倦，对知识权力骄横的拒斥。值得庆幸的是，人类的知识经常会深刻到反对自身的程度，在历史上，它的怀疑精神不断催生自身蜕变的机遇，像一只不停成长的寄居蟹，一直在寻找能容纳新知和新问题的范式框架；无限置换的知识范式带来世界图景的无限可能，这也足以慰藉我们对世界的诗意的期待。对神秘和未知事物抱有宽容的怀疑，对知识自身的解释力持有合理的谦逊，这是今天的知识应当走出的一步。凤凰与诗性向这个世界的回归，有赖于我们清扫自我理性中的那些被当成理性本身的藩篱，开启无限未来向有限世界彰显的通道。

第二节　冥想彼岸：鱼缸之喻与未知之美

科学是物质世界的魔法，在它的触摸下，万物获得了魔力，解放了沉睡在自身中的灵性。科学塑造了不需要凤凰的世界。

科学首先要使物成为“纯粹”的、“实在”的物，然后将其点化为神奇；这既是认识的方法，也是魔法的程序。凤凰这种神奇动物，显然缺乏物质世界的纯粹性，有灵异属性存在的地方，科学之光就无法闪耀，所以它必须被排除，或褫夺其灵异特征，以维系物质世界的一致性。

科学足够伟大，给出的前景也足够炫目，然而，科学所规划的世界仍然只是一种模型中的世界，它是实在的，却不是本然的；它被照亮，同时被遮蔽；它是无边的知识之网笼罩的宇宙，它也是一个被过滤后留下的实在；它被我们的感知力所扭曲，又因我们的感知力而自洽；它是被精心耕作的园圃，但在篱笆之外，还有杂草丛生的荒原。科学在其模型内对世界的观察，如同玻璃缸里的金鱼看到的世界，有所扭曲，有所遮蔽，理论上可以达到其感知限度内的完整自洽，但它的合理性局限在鱼缸之内，对于缸外可见但缸内不可见的现象，它没有否认其真实性的权力，它只能说“那不科学”。同样，站在鱼缸之外的我们看到的世界，可以抱有“世界是实在的”的信念，但也不能保证自己看到的是最终的真相。

霍金将这一态度称为“依赖模型的实在论”。“世界是实在的”这一信念来源于我们对世界的感知，但我们不能推出“世界如同我们所感知的样子”；世界对我们显现为这样的图像，与我们感知它的方式和能力有关，世界图像与我们的感知，构成了我们透过一个巨大的鱼缸所看到的世界。这世界是否全然虚幻、仅仅出于我们的幻觉呢？这实在是无法证实的问题，选择相信它的实在性，是一种信念——与虚无比起来，我们更愿意把知识和观念建立在“世界实在”的基本假设之上。霍金以电影《黑客帝国》中人类生活在电脑模拟世界的例子，指出生活在虚拟世界中的生物无法从外部观察到自己身处的宇宙，因此也没理由怀疑自己世界的真实性，而关于世界真实的观念，总是与特定的图像相联系的：

> 不存在与图像或理论无关的实在概念。相反地，我们要

采用将它称为依赖模型的实在论观点：一个物理理论和世界图像是一个模型（通常具有数学性质）以及一组将这个模型的元素和观测连接的规则的思想。[①]

①史蒂芬·霍金、列纳德·蒙洛迪诺：《大设计》，湖南科学技术出版社，2011，第34-35页。

这段话深刻地表达了实在概念与图像的关联，指出实在的意识奠基于人们有限的认知能力，从如此的世界归纳出属于它本身的实在和真实性，虽然它们不尽可靠，但舍此别无他法。试想，当我们听到《黑客帝国》中生活在电脑虚拟的世界中的人们念诵普罗泰戈拉的名言“人是万物的尺度，是存在的事物存在的尺度，也是不存在的事物不存在的尺度”时，该做何感想呢？实际上，它表明的不过是“拒绝对无法认识的事物操心”的态度罢了！

若以鱼缸为认识边界之喻，人所遭逢和深陷的鱼缸其实不止一个。除了康德意义上的“先天直观”之外，人所凭借的知识范式也是一种，而且，有时我们触摸到的并不是知识固有的边界，而是个人能力的边界、特定时代的边界和认识手段的边界。换言之，我们之所以没有看到，有时并非鱼缸的局限，而是我们自己的问题，也许我们还没有穷尽鱼缸向我们承诺的所有可能。回到凤凰的话题，我们可以看到，凤凰就是这样一种“不存在”：它应该对于我们的日常世界不存在，对于我们的感受方式不存在，对于我们的知识系统不存在。它应该不会被我们透过认知能力的鱼缸看见。但如果我们不以轻蔑的态度对待那些书面和口头的凤凰现身的记录，不对那么多真切翔实的超自然体验视而不见，而是反身检验我们的感知方式和知识系统，那么，凤凰作为一种不显像于我们认识模型的实在，作为被鱼缸的曲度所隐匿的图像，我们会承认其存在具有理论上的可能；作为不可见之物，其之所以能被人们感知，是因为它们偶然和意外地突破了鱼缸的规律：当感知处在特殊的精神状态（出神、做梦、迷狂）时，能与以未知形态存在的事物发生某种感应，就像巫术、萨满、梦幻过程中发生的那样，或像神授艺人所遭遇的那样。置身鱼缸中并且意识到了鱼缸存在的我们，可以无限地猜想凤凰的来由：它或者是高维世界的影像，或者是量子化的精神体，或者是平行空间偶然交叠之时的逾越者。从人类认识的根本属性来说，凤凰并未被彻底否定。无论如何，它是一种关于世界的可能，是给世界带来值得期盼的东西。世界也因此向未知的可能性敞开，而不至于变成一幅被定格于已知条件的壁画。

凤凰之美的源泉即在于此。它的魅力在于它是一种说不清的东西，游移于存在和虚无之间。它像一切不可见之物一样具有崇高的属性：巨大、阴郁、华丽而又不可亲近，有不可驯服的自主性和不可预测的偶发性。它传递着神话世界的信息，负载着“上天”的使命，与权力者的智愚、人民的居处方式相关，与天道的昭示和神灵的悦纳相关，不可轻慢亵渎。它神圣古老，是埋藏在无意识中的祖先集体记忆，是这个熟悉的世界中留存不多的未知部分，带有蛮荒之物的粗粝的光晕，隐现着未经文明社会打磨过的锋芒。人们知道它是无害的，由畏惧过渡到赞美的心态正是崇高对象所引发的心理效果。在这个科学昌明的时代，谈论鬼神灵异之事，谈论凤凰的存在以及它的美，难免令人感到荒诞。但笔者正想借此碰触科学观念在当代思想中有意无意形成的禁忌，对被排斥的现象、被压抑的观念进行重新审视，为那些被制止的话语的发声权利辩护。作为一个经受过科学知识洗礼的人去谈论神秘和超自然现象，与缺乏现代知识的迷信毕竟不是一回事。凤凰也许真的不存在，也许从未存在过，那些历史文字的记载、原始图案和通灵体验，都是人们飞腾动荡的想象、兴之所至的自娱或处心积虑的谋划；凤凰对于我们关于世界的知识结构，是冗余的信息和干扰项，是系统的破坏力量，应对它使用奥卡姆剃刀原则。我们今天所持的正是这种认识，所以凤凰的话题已经变得像甘蔗渣一样乏味无聊，不成其为谈资，在岁月中耗尽了它的灵光圈。这样一只失灵的灵物，一个勉强维持的空洞符号，其背后的意义世界早已消失，试图用现实元素为它重建意义，已不可能。今天的人们尝试过种种努力，希望凭借传统民俗、艺术造型、文化研究等伴作饶有兴致的言说，用历史文化的厚重感代替其神异性，用世俗世界“属人”的深度代替其超验的“属灵”高度，终究无法使凤凰还魂。

保持未知状态，是凤凰复魅的唯一途径。它的“不可能”是当前科学范式中的“不可能”，却并非不可能在另外的知识范式中立足。好在，对前沿科学的探索使我们拥有超越特定范式的视野。传说中的凤凰倏忽而来，倏忽而去，仿佛不属于这个世界，又像介乎物质与精神之间的某种灵体，在此处与他方任意穿行，不必遵守万物所奉行的规则。它既像幻觉，又似乎来自一个平行的或高维的空间。我们或许可以设想一个与我们共在的异世界，设想凤凰遵循着与我们的生活世界不同的规律存在，它的形迹会在特殊的时刻与我们的感知相遇。关于平行宇宙，当前有很多种不同的描述。这些设想并非来自科幻小说作者或网络玄幻作品写手的臆想，而是来自当今世界最顶尖的物理学家和天文学家。比如，美国当代著名的物理学家迈克斯·泰格马克提出过一种“平行宇宙”存在的可能性。他认为宇宙的“实在”就是数学，宇宙无时无刻不在产生着无穷多的可能的宇宙，它们都作为概率的世界存在着。泰格马克以著名的“薛定谔的猫”命题为例，解释了他的“平行宇宙”理论。“薛定谔的猫”是由奥地利物理学家薛定谔提出的有关量子叠加状态的思想实验。量子世界有一个令人不可思议的特点，就是量子行为会受到“观测”的影响：根据量子力学的观点，微观物质具有粒子和波两种存在形态。通常，微观物质以波的叠加混沌态存在，但一旦人的意识参与到观测行为中，它们立刻选择成为粒子。微观领域的物质都具有波粒二象性，表现在空间分布和动量都是以一定概率存在的，这种或波或粒的叠加状态被称之为波函数。当观测活动发生时，微观物质就立刻变为粒子的存在状态，该现象被称为波函数坍缩，这是微观世界中的情形。实验则把这一量子行为放大到宏观世界中来：假定一只猫被封在一个盒子里，盒子里有食物和装有氰化物毒药的瓶子。毒药瓶上有一个锤子，锤子由一个电子开关控制，电子开关由放射性原子控制。如果原子核衰变，则放出阿尔法粒子，触动电子开关，锤子落下，砸碎毒药瓶，释放出里面的氰化物气体，猫必死无疑。原子核的衰变是随机事件，在一天之内，原子核衰变的几率是 50%。也就是说，有 50% 的概率放射性物质将会衰变并释放出毒气杀死这只猫，同时有 50% 的概率放射性物质不会衰变而猫将活下来。盒子里的猫的生与死各有 50% 的概率，所以猫处在“既生又死”的叠加态。而一旦打开盒子，这种“或生或死”的叠加态就消失了，猫只能处在“活”或“死”之中的一种状态下。

泰格马克在此处引出了他对“叠加态”的不同看法：观察并不具备神奇的能力，波函数并不会随着观察而坍缩；只是在观察的这一刻，我们的宇宙分裂成了两个平行的宇宙，在两个宇宙中，人的思维状态都与观察对象的状态相连，在各自的宇宙中，万事万物都是一致的。作为观察者的人被分裂为不同宇宙中的不同“版本”，彼此意识不到对象的存在：

> 实验结束的时候，将出现有两个不同版本的你，每一个你主观上都觉得很真实，但对另一个你的存在毫不知情。[①]

①迈克斯·泰格马克：《穿越平行宇宙》，汪婕舒译，浙江人民出版社，2017，第 191 页。

这样的平行宇宙是不可抵达的，也没有相互交接的可能：

平行宇宙的分裂持续不断地在进行着，使得量子平行宇宙的数量多得令人眼花缭乱。由于这种分裂从大爆炸的时刻就开始了，很有可能，你所能想象到的所有宇宙历史都已经在量子平行宇宙中变成了现实，只要它们不违反物理定律就行。①

①迈克斯·泰格马克：《穿越平行宇宙》，汪婕舒译，浙江人民出版社，2017，第 192 页。

但泰格马克的平行宇宙与人所置身其中的这个宇宙没有交集，它们因为不能相互影响，因此不太适合解释我们谈论的凤凰现象。另一位著名物理学家、超弦理论的奠基人加来道雄则试图探讨进入平行宇宙的通道。在《平行宇宙》一书中，加来道雄援引物理学家安德烈·林德的理论，指出宇宙的特点：

在随机的空间和时间点上自发地发生破裂，一个短暂膨胀的宇宙产生了。大多数膨胀的时间很短。但是因为这个过程是随机的，最终将有一个气泡膨胀的时间持续得很长，创造了我们的宇宙。它的逻辑结论是：膨胀是持续和永恒的，大爆炸始终在发生，一些宇宙从其他宇宙“萌生”出来。在这个图景中，宇宙可以萌芽产生其他宇宙，创建‘多元宇宙’。②

②加来道雄：《平行宇宙》，伍义生、包新周译，重庆出版集团，2008，第 69 页。

加来道雄把量子行为扩展到宏观尺度，指出围绕着原子核的电子云表明电子可以出现在任何可能的地方，而宇宙在暴涨之前曾经比一个电子还小。

当我们将量子理论应用于宇宙时，我们被迫承认宇宙有同时存在于很多状态的可能性。换句话说，一旦我们打开了将量子波动应用于宇宙的大门，我们就几乎被迫地承认平行宇宙。我们没有更多的选择。[1]

①加来道雄：《平行宇宙》，伍义生、包新周译，重庆出版集团，2008，第69页。

加来道雄表示，广义相对论像一个包含了各种奇异之物的特洛伊木马，其内部藏有黑洞、白洞、虫洞乃至某种意义上的时间机器的可能性，这些奇异之物不可能被轻易排除，爱因斯坦奋战多年也没有做到，因为它们是广义相对论的一个完整部分。当我们持有广义相对论的宇宙观时，平行宇宙的可能性就似乎无法避免：

在这些奇异之物中，大概最奇怪的是平行宇宙的可能性和连接平行宇宙的通道。按照莎士比亚所做的比喻，整个世界是一个舞台，那么广义相对论允许有地板门存在的可能。[2]

②加来道雄：《平行宇宙》，伍义生、包新周译，重庆出版集团，2008，第83页。

平行宇宙是可能存在的，它们之间的通道也是可能存在的；在这个问题上，霍金的看法也是一致的：

几百年前，人们认为地球是唯一的，并位于宇宙的中心。我们今天知道在我们的星系中存在几千亿颗恒星，其中很大的百分比拥有行星系统，以及存在几千亿个星系。本章描述的结果指出，我们的宇宙本身也是许多宇宙中的一个，而且其表观定律不是被唯一确定的。那些希望终极理论，即万物理论能预言日常物理性质的人，对此一定非常扫兴。[3]

③史蒂芬·霍金、列纳德·蒙洛迪诺：《大设计》，湖南科学技术出版社，2011，第123页。

对这些平行宇宙的细节特征这里就不做描述了，它们无非是些理论上的推测，但这些理论为凤凰之类的灵异事物的存在提供了一种笼统的可能：它们有资格根据概率存在于某一世界，并且具有向我们世界的可通达性。对于在我们的宇宙中可见却又不太遵守我们的物理定律的事物而言，假设一个可以通达的平行宇宙的存在，可以为阐释提供巨大的理论空间，尽管它还是一种假说，尽管它与高维空间、出神、梦兆、启示以及集体无意识等现象之间的关联还不清楚，对它的了解也还远未达到发现以及探究这些关联的程度。但至少，它为那些“不合理”的事物在现实中保留了一席之地，使它们得以凭借某种可能性而栖身在“存而不论”的领域，不至于被现代知识的解释系统立刻清除。

疑惑和惊异，是人在天地间的本真体验，神秘现象和灵异事物之所以能打动人心，不仅在于它的神秘和诡异，更在于它让人们意识到了世界的其他可能：这是一个我们自以为熟知但仍然充满奇异幻境的家园。知识能揭示真相，但那是属于知识的真相，知识的真相与知识的提问方式相关，与知识尚未触及的对象无关。科学给予我们的，是一个真实而有限的世界。而在这个世界之外，是否真的空无一物？

结 语

“凤凰是否存在”其实包含两个问题：第一，作为普通鸟类的凤凰是否存在？第二，作为灵异神鸟的凤凰有无存在的可能？第一个问题是古生物学或生物考古学范围内的普通问题，只涉及证据的发现与否；第二个问题则关乎当代知识系统的范式基础，是攸关科学生死和世界未来的大事。关于凤凰的美学话题，也只能从上述问题之一中引申出来。按照通常的思路，谈及凤凰之美，都以对上述两个问题的否定回答为前提，但既然任何意义上的凤凰都不存在，谈它美与否就是假问题，可供谈论的只有人将主观意念附会在虚拟之物上面的艺术形式和文化特征，这就已经偏离了凤凰的话题。

因此，“凤凰之美”这个命题成立的前提，是直面“灵异性”问题。科学断然否定其存在的，并不是一种普通鸟类，而是一种超自然的灵禽，它在科学上的荒谬性与在美学上的魅力系出同源。没有灵异性的凤凰不是我们所认为的凤凰，一种普通鸟类的美不是我们意识中的凤凰的美，灵异性才是它的美的最重要源泉。于是，只有在把“灵异性”当作一种可能性加以讨论的前提下，我们才能将“凤凰”与美联系在一起。在谈论凤凰之美的时候，笔者着力探讨了灵异属性的性质，特别是非科学的“灵异”与科学观念在什么意义上可以通约。把神秘现象、量子力学以及平行宇宙等概念纳入论述，这并非用力过度或东拉西扯，而是命题本身的要求使然。

一个风闻已久但并未确定其实在性的对象，它的美萌发于存在与虚无之间，往来于游移不定的态度和不可直观的形象。这种美不能为科学合理性的心灵所观照，相反，它呼唤一种不追问原委而甘愿处在不确定的、神秘与疑惑境地的心灵，要求人们拥有摆脱了知识成见的“消极能力”[①]。凤凰的美，就是一种或然性的和不确定的美。

①“消极能力”是19世纪英国诗人济慈创造的一个理论术语，指伟大诗人所拥有的一种品质，即一个人能经受不安、迷惘、疑惑，而不是烦躁地务求事实和原因，对一个大诗人来说，就是对美的感觉压倒了其他一切考虑。

对现代知识系统的检讨，意在提醒现代人不要过度压缩“非正常知识”的地盘，为当代知识范式之外的现象和陈述留下最后的栖身之地。这不仅是为科学的未来预留空间，也是为人类的诗意生存维系心灵的支持；然而，这只能为凤凰存在的可能性提供必要条件，其意义更多体现在澄清凤凰的审美属性方面。实际上，凤凰的存在可能性仍渺茫得近乎于无。毕竟，事物的存在是无法推导出来的，决定性的环节仍在于实证。促成对可能证伪现代知识范式的东西进行实证，让科学不再排斥所谓“超自然”事物，从而坦然面对整个自然，则是这一检讨的真正目的。因此，我们在用“可能性”抵抗现代知识的专断的同时，也不会否认凤凰作为现实的生物的可能，这样它们所通向的就是另一种不同的“凤凰”之美，也可以说是“凡鸟之美”。不考虑灵异性的凤凰话题，更容易被现代知识所接受，但此时的美学思考就转换为一种关于自然美或形式美的描述，而损失了它的超越性色彩。

以凤凰为凡鸟的态度，也由来已久。据《世说新语·简傲》篇载：

嵇康与吕安善，每一相思，千里命驾。安后来，值康不在，喜出户延之，不入，题门上作“凤”字而去。喜不觉，犹以为欣。故作凤字，凡鸟也。[1]

[1]张万起译注：《世说新语译注》，中华书局，1998，第764页。

篇名“简傲”是“轻贱他人且自傲”之义。此处大意是：嵇康与吕安交情很好，每当想念的时候，不管千里之遥也要命人驾车前往。后来有一次吕安拜访嵇康，正巧嵇康不在，嵇康的哥哥嵇喜请他进门，吕安不进，在门上写了一个“凤”字而去。嵇喜没有察觉其中的意思，还很高兴。其实吕安写凤字，是讽刺嵇喜为“凡鸟”。凤字繁体写作“鳳”，拆开便是“凡鸟”二字，暗喻庸才。其实嵇喜也被时人目为“有当世才”之辈，伐吴平叛，功在社稷，诗文亦不俗，可以说文韬武略皆有不凡建树，比起忙时喝酒论道、闲时打铁作诗的嵇康，似乎更为成器，只是为人不那么清高，故不为清流所喜，阮籍亦曾以白眼对之。后来王维在《春日与裴迪过新昌里访吕逸人不遇》诗中用此典故曰：“到门不敢题凡鸟，看竹何须问主人。”“凡鸟”之称虽是文人的文字游戏，但也指示了古人看待凤凰的另一视角，即凤虽罕见，仍不过是凡俗之物，不必给予格外崇敬。这一态度在周穆王的以凤脑点灯、《山海经·大荒西经》中沃国之民食凤卵的事迹中已有流露。

世间已发现的鸟类有9021种，中国有一千多种，从外观、习性和文化等诸多方面堪与传说中的凤凰比附或关涉的，前文已提到过的有鸡、燕、雉、鸵鸟、孔雀，等等，过去学者对它们的相关论述已颇不少，此处不赘。另有几种禽鸟或因习性奇特，或因美丽异常，且被提及不多，在这里稍作介绍。

一、红腹锦鸡

红腹锦鸡为中国特产种，青、甘、陕、云、贵、川、湘、鄂等地均有其活动的踪迹。喜群居，性杂食，机警胆怯，体型中等。此禽七色俱全，光彩夺目，腹部羽毛是艳丽夺目的血红色，故得名。红腹锦鸡的背部是浓绿色羽毛，其余羽毛是金黄色，头上有金黄色的丝状羽冠披到颈部，金光闪闪，所以民间百姓也称它为“金鸡”。红腹锦鸡是驰名中外的观赏鸟类，在世界各大动物园均有分布。过去，因长期被偷猎者所窥伺，红腹锦鸡一度濒危，被列入国家二级保护动物；经一段时间的保护和人工繁殖，目前已脱危，且进入了商业开发阶段。据未经证实的说法，红腹锦鸡是凤凰的原型之一，陕西省的宝鸡市、凤县、凤翔皆得名于它。宋代文人朱辅在《溪蛮丛笑》一书中描述道：“金鸡，羽族，似雉者；金项，火背，斑尾，扬翘，志意揭骄，笼之不能驯。”[①] 宋代诗人成大在《桂海虞衡志》中也提到：“锦鸡，又名金鸡，形如小雉，湖南、北亦有之。”[②] 红腹锦鸡的优雅美丽得到古人的青睐，它的尾羽长38—42厘米，可制作名贵的雉尾扇，供王公贵族使用；同时，金鸡也被认为上应天星，与专司赦免的金鸡星对应，因此红腹锦鸡也被用作官方的仪仗，为统治者颁布赦诏时所用。这一首见于魏晋南北朝时北齐年代的制度仪式，古人称为“金鸡放赦”。据《隋书》卷二十五志第二十“刑法”记载：

①朱辅：《溪蛮丛笑》，中华书局，1991，第1页。

②范成大：《范成大笔记六种》，孔凡礼点校，中华书局，2002，第204页。

> 赦日，则武库令设金鸡及鼓于阊阖门外之右。勒集囚徒于阙前，挝鼓千声，释枷锁焉。[③]

③魏征：《隋书》，中华书局，1973，第706页。

这一仪式也被唐代沿用，据《新唐书·百官志》”记载：逢赦日，两京武库署“建金鸡，置鼓宫城门之右，大理及府县囚徒至，则击之”[④]，中尚署则“树金鸡于仗南，竿长七丈，有鸡高四尺，黄金饰首，衔绛幡长七尺，承以彩盘，维以绛绳，将作监供焉。击㭊鼓千声，集百官、父老、囚徒。坊小儿得鸡首者官以钱购，或取绛幡而已”[⑤]。李白被流放夜郎时，

④欧阳修、宋祁等：《新唐书》，中华书局，1975，第1249页。

⑤欧阳修、宋祁等：《新唐书》，中华书局，1975，第1269页。

曾有诗《流夜郎赠辛判官》云："我愁远谪夜郎去，何日金鸡放赦回？"后世遂以"金鸡"代指大赦。

因为先秦有楚人以山雉为凤的旧事，后人也以锦鸡比附凤凰，唐代诗人伊梦昌在《凤》一诗中云："好是山家凤，歌成非楚鸡。毫光洒风雨，纹彩动云霓。竹实不得饱，桐孙何足栖。岐阳今好去，律吕正凄凄。"颇有以金鸡媲美凤凰的意味。欧阳修亦有五言十四韵金鸡诗一首，他因在京谏事触怒天子，而遭贬谪夷陵，有感而作。在欧阳修看来，夷陵人才凋敝而物产丰美，而金鸡堪为物产中的精华。诗中有句："清唳或相呼，舞影还自爱。"论及金鸡的一种习性，即"自恋"，典故出自南朝宋刘敬叔《异苑》的记载："山鸡爱其羽毛，映水则舞。魏武时，南方献之，帝欲其鸣舞而无由。公子苍舒令置大镜其前，鸡鉴形而舞不知止。"[1] 早于欧阳修，唐代诗人崔护早已用过此典，在《山鸡舞石镜》一诗中有"庐峰开石镜，人说舞山鸡。物象纤无隐，禽情只自迷"的句子。西有水仙，东有金鸡，共同映射人性幽微曲隐之处，可谓相映成趣。但古人对物性的认识一向颇为主观，多有附会和想当然，因此对金鸡的自恋特性不必全然当真，聊备一说而已。

①刘敬叔:《异苑》，范宁校点，中华书局，1996，第 15 页。

红腹锦鸡之高贵典雅令古人倾倒，在一定程度上影响了主流的审美观。宋徽宗曾有一幅《芙蓉锦鸡图》传世，画中一只锦鸡栖于芙蓉花枝上，有菊花摇曳，彩蝶嬉戏。徽宗题诗赞云："秋劲拒霜盛，峨冠锦羽鸡。已知全五德，安逸胜凫鹥。"此处的"五德"当指凤凰所具备的"德、顺、义、信、仁"五种品质，可见诗中隐然以凤喻锦鸡。图画中芙蓉、菊花色调淡雅，蝴蝶飘逸灵动，烘托出锦鸡形象的斑斓华丽，寓意中流露出对闲适高贵品格的赞许。但在后人看来，作为艺术高手兼政治菜鸟的宋徽宗画锦鸡，倒也不无对镜而舞、鉴形自迷的意态。

锦鸡不仅作为艺术形象供人观赏，也被古代统治者符号化为官阶的标志。明朝的官员服饰图案有严格的要求，据《明史·舆服志》载：“文官一品仙鹤，二品锦鸡，三品孔雀，四品云雁，五品白鹇，六品鹭鸶，七品鸂鶒，八品黄鹂，九品鹌鹑。”[①] 锦鸡位列二品，在仙鹤之后、孔雀之前，地位相当高，这显示了锦鸡在传统制度文化中受尊崇的程度。

①张廷玉等：《明史》第6册，中华书局，1974，第1638页。

二、桐花凤

第二种值得一提的禽鸟是桐花凤。它是一种小型鸟类，大小与燕子相仿，体长9至16厘米不等，因暮春时节栖聚于桐花之间而得名。桐花凤的学名叫“蓝喉太阳鸟”，主要分布在中国西南地区，四川最集中，南亚和东南亚一些国家也有分布。雄鸟前额至头顶和喉部紫蓝色，背、胸、头侧、颈侧朱红色，腰、腹黄色，中央尾羽延长，紫蓝色。雌鸟上体橄榄绿色，腰黄色，喉至胸灰绿色，其余绿黄色。桐花凤主要以花蜜为食，也吃昆虫等动物性食物。

桐花凤因其娇小艳丽、优雅亲人而受到文人喜爱，多有诗文吟咏、画屏描摹之。唐代张鷟《朝野佥载》曰：

> 剑南彭蜀间有鸟大如指，五色毕具。有冠似凤，食桐花，每桐结花即来，桐花落即去，不知何之。俗谓之“桐花鸟”，极驯善，止于妇人钗上，客终席不飞。人爱之，无所害也。[②]

②张鷟：《朝野佥载》，载《唐宋史料笔记丛刊·隋唐嘉话·朝野佥载》，中华书局，1979，第168页。

止于妇人钗上，终席不离，如此轻盈小巧，真可谓“钗头凤”矣，难怪人见人爱，不忍捉取。张鷟以为桐花凤以桐花为食，唐朝名相李德裕则指出桐花凤的食物是花蜜。李德裕在任剑南西川节度使时曾作《画桐花凤扇赋》，文中谈道：

成都夹岷江，矶岸多植紫桐。每至暮春，有灵禽五色，小于元鸟，来集桐花，以饮朝露。及华落，则烟飞雨散，不知其所往。有名工绘于素扇以贵稚子，馀因作小赋书于扇上。[1]

①简宗梧、李时铭主编《全唐赋》第5册，逢甲大学唐代研究中心中国人民大学编校；里仁书局，2011，第3306页。

餐花饮露，秉性高洁，既符合了文人的某种人格理想，又使人联想起《离骚》那种人神共处、往来天地的境界，为此鸟平添了灵异之感。有人说，“诸鸟之有文采者，皆为凤之子姓”[2]，就是说鸟类中色彩美丽的都可以名之为凤。美丽的禽鸟不少，但以凤为名的不多；自古吟咏桐花凤的诗文不少，但见过它的人不多。清人屈大均所著《广东新语》一书将其归入数种“小凤”之属，与凤头雀、幺凤、金凤、凤鸡并列。书中提到：

②屈大均：《广东新语》，中华书局，1985，第509页。

有曰桐花凤。丹碧成文，羽毛珍异。其居不离桐花，饮不离露。桐花开则出，落则藏。盖以桐花为胎，以露为命者也。儿女子捕之，饮以蜜水，用相传玩。渔洋有词云：“郎似桐花，妾似桐花凤。”谓此也。此种蜀中亦有。[3]

③屈大均：《广东新语》，中华书局，1985，第510页。

古代文人中爱桐花凤者，以苏轼最为著名。苏轼年少时，自家庭院里常有桐花凤聚集，邻里间都认为是异事。可见只要名字里带有“凤”字的鸟类，在人们心目中就沾上了祥瑞喜气。果不其然，苏轼20岁时与其弟苏辙双双高中进士，考官梅尧臣赋诗称赞二人是两只“雏凤凰”出世：“岁月不知老，家有雏凤凰。百鸟戢羽翼，不敢呈文章。”苏轼一生，有多篇诗文涉及桐花凤，成为他流配生涯中抒发故乡情结的一个常用意象。同时，苏轼将桐花凤视为吉祥鸟，认为桐花凤的出现是

“先君子”行仁孝之道的结果。在《记先夫人不残鸟雀》一文中，苏轼的这一心迹表露无遗：

> 吾昔少年时，所居书堂前，有竹柏杂花，丛生满庭，众鸟巢其上。武阳君恶杀生，儿童婢仆，皆不得捕取鸟雀。数年间，皆巢于低枝，其鷇可俯而窥也。又有桐花凤四五月翔集其间，此鸟羽毛，至为珍异难见，而能驯扰，殊不畏人。闾里间见之，以为异事。此无他，不忮之诚，信于异类也。有野老言：“鸟雀巢去人太远，则其子有蛇、鼠、狐狸、鸱鸢之忧，人既不杀，则自近人者欲免此患。”由是观之，异时鸟雀巢不敢近人者，以人为甚于蛇鼠之类也。“苛政猛于虎”，信哉！①

①舒大刚、曾枣庄主编《三苏全集》，语文出版社，2001，第133—134页。

苏轼另有《异鹊》诗：

> 昔我先君子，仁孝行于家。家有五亩园，幺凤集桐花。

又如《次韵李公择梅花》：

> 感时念羁旅，此意吾侪共。故山亦何有，桐花集幺凤。

作为文学意象的桐花凤有多重寓意，除吉祥之义外主要关乎爱情，借桐花与桐花凤比喻男女痴缠，桐花凤或喻男子，或喻女子，大多清丽不俗。晚唐诗人兼文论家司空图的《送柳震归蜀》有“桐花能乳鸟，竹节竞祠神”之语，另一首《送柳震入蜀》再次提到桐花凤：“夷人祠竹节，蜀鸟乳桐花。”两首诗将桐花凤当成了蜀地风情的代表性意象加以描绘。同为唐代诗人的刘言史《岁暮题杨录事江亭》也以“肠断锦城风日好，可怜桐鸟出花飞”赞叹成都景物；二人虽非专咏桐花凤，而是借来托物言志或渲染诗境，但桐花凤都是使人眼前一亮的情感意象。唐代僧人释可朋的《桐花鸟》云：“五色毛衣比凤雏，花深丛里只如无。美人买得偏怜惜，移向金钗重几铢。”描绘了桐花凤的身量、体态和习性，将其与凤雏相提并论。

冯梦龙《情史》卷三“情私类”记录的一首诗也提到桐花凤：“旭日曈曈破晓霾，遥知妆罢下芳阶。那能化作桐花凤，一集佳人白玉钗。”[①] 此诗格调未免有小说家言的轻佻庸俗，而能用此典，却可以看出桐花凤的意象颇为普及，或者说有几分俗套的意味了。王士祯有一阕《蝶恋花·和漱玉词》拟女子忆旧相思曰：

> 凉夜沉沉花漏冻，欹枕无眠，渐觉荒鸡动。此际闲愁郎不共，月移窗罅春寒重。
>
> 忆共锦衾无半缝，郎似桐花，妾似桐花凤。往事迢迢徒入梦，银筝断续连珠弄。

关于此词，清代文人李佳在《左庵诗话》中指出：“王渔洋词有云：‘郎似桐花，妾似桐花凤。’人因呼之为王桐花。吴石华云：‘瘦尽桐花，苦忆桐花凤’不让渔洋山冈人专美于前也。”[②] 王士祯的“郎是桐花，妾是桐花凤”词句，是以桐花凤比喻女子，而吴石华的“瘦尽桐花，苦忆桐花凤”则以桐花凤比喻男子。王士祯的这首《蝶恋花》产生了不小的影响，为文人传诵一时，他本人因此得了“王桐花”的绰号。

凤凰非梧不栖，而桐花凤专爱聚于桐花之下，可谓凤凰之具体而微者，归入“小凤”一族自无不可，或依凤凰别名，将桐花凤附会为鹓鸰、凤雏，名目亦含“小凤”之余味，听起来稚拙可爱，别有韵致。

①冯梦龙：《情史》，凤凰出版社，2011，第60—61页。

②唐圭璋：《词话丛编》，中华书局，1986，第3134页。

三、大眼斑雉（冠青鸾）

国人对大眼斑雉很陌生，但它是最像凤凰的一种鸟。大眼斑雉又名冠青鸾，是东南亚特有的鸟类，雌雄异形，通体深褐色，密布点状白斑，头颈部蓝色，足部赤红色。因雄鸟的飞羽上满布漂亮的眼状斑纹而得名。生有 2 根长逾 1 米的尾羽，雌鸟相对小巧，羽毛也暗淡一些。此种鸟类以往不太被产地以外的人所知，今天得益于网络的便利，这种濒危的鸟类逐渐引起了人们的注意，相关的保护措施也在一些地区开始实施。但因为资料稀少，大眼斑雉没有更多的话题可以探讨。

除了这里列举的几种鸟类，尚有一些令人感兴趣的零星图片资料不知出处，充满神秘感。

我们或许可以认为：凤凰从未消失，它就在同一个世界中与我们共处，隔着并不遥远的空间距离，只不过它们已经丢失了神性，我们也已丢失了辨认它们的知识。凤凰是凡鸟，被文化想象赋予了浮夸的灵异色彩，授予了祥瑞灵物的头衔。而这一切，与它们的生息繁衍并不相干。我们似乎可以对那些神奇的猜想动用奥卡姆剃刀了，不必通过幻听幻视、灵魂回忆、萨满出神之类的脑洞，就可以一睹凤凰的真身。这样的凤凰真相，比其他任何解释都容易接受得多。未知变成了已知，彼岸的预言找到了世俗生活的脚本。这既让人兴奋，又令人遗憾。

但这些不是我们所寻求的答案，它们不能回答我们心底的疑问。我们希望知道，熠熠生辉的物质世界对岸，是否有它空灵的镜像？群鸟经天交相争艳的尘世之外，是否有凤凰自歌自舞？在现代人的精神领域，神奇与灵异早已无家可归。莫非，这个实在的世界就是一切，包含了它自己的因果和可以演算的未来，万物存在的真相已经大白于天下，人类的认知将永远被困锁于物质性的无限之中？这样的真相，被物质之光照彻纤毫，却与生命的灵性和诗意作对，与不断扩张的物质宇宙同谋。但我们可能别无选择。

我们还会继续梦想，期望在理性和科学所及的领域之外，尚存未知的仙山琼岛，芳林苑囿，那里精灵嬉戏，神祇安居，古老预言的歌谣吟唱不止，天籁传达的神谕昭示不息。只是现世的道路已经铺就，我们不再回望和驻足。莫非前程已见分晓，而我们只能沿此行进，精确地经过一个个早已标定的路口？我们或可暂停脚步，卷起地图，并环顾四野。起伏的地平线下是渺无人迹的地域，蛮荒如太古，莫测如命运。那里是科学缄默讳言的渊薮，但它发出的微光持续经久，执拗地显示自己的存在。科学的道路宽阔通达，给予人类最坚实的承诺，却又是最单调的必然性的真理，它涵盖了未来的一切。对人而言，它又并非绝对的一切。即便明知是虚幻和妄想，人们对一个不同的未来的梦想也不会熄灭：一个拥有无限可能性的世界，才能包容人类渴望自由选择的心智和不断飞升的灵明，才可能接纳诗性和天命的降临，才可以期待一个神人共处、凤凰来仪的国度。

宇宙井然有序，时空漫无尽头，被揭示无遗的生存是无间的苦役。人类曾发明出数不清的宗教、迷信、巫术和灵修之法，来逃避这种乏味的命运，挣脱这个单质的宇宙。没有凤凰的世界是物质化的大地，它已经穷尽了未来，写好了宿命。除非，增长的心智为宇宙重赋秩序，超验的直观将蜷曲的维度延展，让消失已久的凤凰蓦然回返，从世界尽头的某个彼岸，从祖先灵魂沉睡的山谷和萨满神志迷醉的荒野飞来，冉冉降落在能重新接纳神奇与灵异的新世界。在那里，不嘲笑预言，不呵斥神秘，不为维系已知而排斥未知，并以同情之心担待那些无序的迷惑。我们期待的凤凰，是洞穴外的日影，是神境之光和初民之歌，是物质化大地上空回荡的《天问》。从古至今，它一再唤起记忆，又湮灭于记忆；从来渺茫，可能终将渺茫。另一种未来也许不会出现，也许我们早已身在其中；但凤凰归来的梦想永无止期。

参考文献

著作

柏拉图．文艺对话集［M］．朱光潜，译．北京：人民出版社，1963.
爱德华·泰勒．原始文化［M］．连树生，译．桂林：广西师范大学出版社，2005.
胡司德．古代中国的动物与灵异［M］．蓝旭，译．南京：江苏人民出版社，2016.
史蒂芬·霍金、列纳德·蒙洛迪诺．大设计［M］．长沙：湖南科学技术出版社，2011.
列维－布留尔．原始思维［M］．丁由，译．北京：商务印书馆，1985.
露丝·本尼迪克特．文化模式［M］．何锡章等，译．北京：华夏出版社，1987.
达德利·夏佩尔．理由与求知［M］．褚平、周文彰，译．上海：上海译文出版社，1990.
加来道雄．平行宇宙［M］．伍义生、包新周，译．重庆：重庆出版集团，2008.
迈克斯·泰格马克．穿越平行宇宙［M］．汪婕舒，译．杭州：浙江人民出版社，2017.
C.A. 托卡列夫等．澳大利亚和大洋洲各族人民［M］．李毅夫等，译．北京：三联书店，1980.
卡尔·荣格．人类及其象征［M］．张举文、库文荣，译．沈阳：辽宁教育出版社，1998.
卡尔·荣格．荣格文集［M］．冯川，译．北京：改革出版社，1997.
卡尔·荣格．潜意识与心灵成长［M］．张月，译．北京：译林出版社，2014.
卡尔·荣格．东洋冥想的心理学［M］．杨儒宾，译．北京：社会科学文献出版社，2000.
卡尔·荣格．荣格自传［M］．刘国彬，译．北京：国际文化出版公司，2005.
大卫·戴西．荣格与新时代［M］．龚艺蕾，译．北京：世界图书北京出版公司，2015.
荀悦、袁宏．两汉纪［M］．张烈点校．北京：中华书局，2002.
董仲舒．春秋繁露［M］．张世亮、钟肇鹏、周桂钿，译注．北京：中华书局，2012.
葛洪．西京杂记［M］// 燕丹子　西京杂记．北京：中华书局，1985.
范晔．后汉书·章帝纪［M］．北京：中华书局，1972.
刘敬叔．异苑［M］．范宁校点．北京：中华书局，1996.
萧子显．南齐书［M］．北京：中华书局，1974.
房玄龄．晋书［M］．北京：中华书局，1974.
魏征．隋书［M］．北京：中华书局，1973.
吴兢．贞观政要集校［M］．谢保成集校．北京：中华书局，2009.
姚思廉．陈书［M］．北京：中华书局，1972.
张鷟．朝野佥载［M］// 唐宋史料笔记丛刊·隋唐嘉话·朝野佥载．北京：中华书局，1979.
马缟．中华古今注．北京：中华书局，1985.
司马光．资治通鉴［M］．北京：中华书局，1956.
宋祁、欧阳修．新唐书［M］．北京：中华书局，1975.
欧阳修．新五代史［M］．北京：中华书局，1974.
周去非．岭外代答校注［M］．杨武泉校注．北京：中华书局，1999.
范成大．范成大笔记六种［M］．孔凡礼点校．北京：中华书局，2002.
王钦若．册府元龟［M］．北京：中华书局，1960.
朱辅．溪蛮丛笑［M］．北京：中华书局，1991.
刘昫，等．旧唐书［M］．北京：中华书局，2000.

马端临．文献通考［M］．北京：中华书局，1986.
脱脱，等．金史［M］．北京：中华书局，1975.
宋濂．元史［M］．北京：中华书局，1976.
周嘉胄．香乘［M］．北京：九州出版社，2014.
谢肇淛．文海披沙［M］．北京：大达图书供应社，1935.
冯梦龙．情史［M］．南京：凤凰出版社，2011.
张廷玉，等．明史［M］．北京：中华书局，1974.
赵吉士．寄园寄所寄［M］．合肥：黄山书社，2008.
屈大均．广东新语［M］．北京：中华书局，1985.
于省吾．甲骨文字释林［M］．北京：中华书局，1979.
许维遹．韩诗外传集释［M］．北京：中华书局，1980.
黄晖．论衡校释［M］．北京：中华书局，1990.
杨伯峻．春秋左传注［M］．北京：中华书局，1990.
张万起．世说新语译注［M］．北京：中华书局，1998.
张玉春．竹书纪年译注［M］．哈尔滨：黑龙江人民出版社，2003.
舒大刚，曾枣庄．三苏全集［M］．北京：语文出版社，2001.
唐圭璋．词话丛编［M］．北京：中华书局，1986.
王大有．龙凤文化源流［M］．北京：北京工艺美术出版社，1988.
富育光．萨满教与神话［M］．沈阳：辽宁大学出版社，1990.
何星亮．中国图腾文化［M］．北京：中国社会科学出版社，1992.
史波．神鬼之祭——西南少数民族传统宗教文化研究［M］．昆明：云南教育出版社，1992.
骆一禾．骆一禾诗全编［M］．上海：上海三联书店，1997.
色音．东北亚的萨满教［M］．北京：中国社会科学出版社，1998.
高国藩．中国巫术史［M］．上海：上海三联书店，1999.
冯至．冯至全集［M］．石家庄：河北教育出版社，1999.
王维堤．龙凤文化［M］．上海：上海古籍出版社，2000.
郭沫若．女神［M］．北京：人民文学出版社，2000.
余光中．余光中集［M］．天津：百花文艺出版社，2004.
庞进．中国凤文化［M］．重庆：重庆出版社，2007.
郭淑云．多维学术视野中的萨满文化［M］．长春：吉林大学出版社，2005.

郭淑云．中国北方民族萨满出神现象研究［M］．北京：民族出版社，2007.
韩少功．爸爸爸［M］．上海：上海文艺出版社，2012.
王红旗．山海经十日谈［M］．上海：上海辞书出版社，2012.
陈健仲．《山海经》名物考［M］．上海：上海书店出版社，2015.
徐华铛．凤凰［M］．北京：中国林业出版社，2015.

论文

韩少功．文学的根［J］．作家，1985（4）．
陈思和．凤凰·鳄鱼·吸血鬼——试论台湾文学创作中的几个同性恋意象［J］．南方文坛，2001（3）．
李虎子．唐诗中凤凰意象的世俗化和唯美化［J］．四川大学学报，2001（5）．
湖南省文物考古研究所．湖南洪江市高庙新石器时代遗址［J］．考古，2006（07）．
曾永志．元科学探讨的历史演变——超越预设主义与相对主义［J］．东北大学学报（社会科学版），2010（6）．
张英，赵毅．试论德宏州民族文化传承中的“集体无意识”现象［J］．学理论，2010（28）．
欧阳江河．凤凰［J］．花城，2012（5）．
吴子林．“安尼玛的吟唱”——〈格萨尔〉神授艺人的多维阐释［J］．文坛纵横，2013（5）．

后　记

此书撰写于2017至2019年，经数次修订后终于在2022年定稿。最初的设想是写一部从审美形式和文化底蕴入手探讨凤凰之美的著作，但接触大量文献材料后想法发生了变化，转为考察人们关于凤凰的认知历史，以及从中折射出的知识构成方式的改变。于是，“凤凰是否存在”以及“如何存在”，成了写作的主线，美学问题变成了知识发生学问题。

话题从凤凰的历代身份开始，谈及现代知识与神秘现象之间的关系。科学祛除了神秘，神秘没有立身之地，宇宙被揭示了终局。

现实中大量存在的边缘知识和难以归类的现象、证据不足的事件，像凤凰一样，已被宣判为不存在，因为它们不合理。无视其存在，才能避免对现代科学的冒犯。本书想借着讨论神秘之美的名义，对科学做出一个小小的冒犯之举，就像法国哲学家利奥塔说的那样：“倾听那些异质之物发出的低语”。若犯众怒，就逃入诗性的烟幕中避难，只是不知还是否来得及。

此书的绪论和第一、二、三、五章由本人撰写，第四章由李岚撰写。写作过程中，承蒙著名文化学者、美术家徐华铛先生允可，使用了徐先生《中国传统形象图说：凤凰》一书中多幅插图，在此深表谢意。本书在选用插图过程中，还得到武汉纺织大学郭丰秋教授的大力支持，一并致谢！

王庆卫

2023年3月于华中师范大学